J. MARCO

Münzen sammeln lohnt sich

BERTELSMANN RATGEBERVERLAG

Illustrationen Jindřich Marco, Jindřiška Marcová
Einbandgestaltung Wolfgang Zill

Printed in Czechoslovakia by Svoboda, Prague
Bestell-Nr. ISBN 3 570-04148-4

INHALT

STATT EINER EINLEITUNG

Fast dreitausend Jahre schon begleitet das Geld den Menschen auf seinem Weg durch die Geschichte, manchmal als guter Diener, manchmal als böser Herr. Es gibt wohl kaum einen Menschen auf der Welt, der es nicht kennen würde. Seine metallische Form — die Münze — ist praktisch unverwüstlich. Noch während ihrer Gültigkeitsdauer ist sie Metallrohstoff, aber auch historisches Material und heute zugleich beliebtes Sammelobjekt. Es gibt heute schätzungsweise 2½ bis 3 Millionen Münzen, wobei neue Funde und neue Prägungen ihre Zahl ständig vergrößern. Die Münzen sind stets und ausnahmslos ein getreues Abbild ihrer Zeit, sind gleichsam eine unendliche Galerie von Geschichtsepochen, Regierungen, Herrschern, Entdeckungen und Irrtümern. Es sind ihrer so viele, daß wir in unserem Buch nicht jeder die gebührende Aufmerksamkeit zukommen lassen können und uns mit einem kurzen Spaziergang durch unser Sammelgebiet begnügen müssen. Wir gewinnen so eine gewisse Übersicht über die Wissenschaft von den Zahlungsmitteln — nach den Münzen Numismatik genannt — und erfahren, was es eigentlich mit dem Sammeln von Münzen auf sich hat.
Zunächst aber sollten wir daran denken, daß ein guter Sammler auch manches entbehren können muß. Deshalb teilen wir gleich zu Anfang das gesamte Material in drei Gruppen ein: Metallgeld, also Münzen im weitesten Sinne des Wortes, Papiergeld, also Banknoten (von Banken herausgegeben) und Staatspapiere (vom Staat herausgegeben), und Medaillen (hierher gehören auch Metallmarken, -jetons, -spielgeld und ähnliches). Diese letzte Gruppe irritiert den Anfänger meist, und deshalb sei hier gesagt, daß die Medaillen eigentlich die künstlerisch wertvollste und schönste Gruppe darstellen, sich aber von den Münzen durch einen wesent-

lichen Faktor unterscheiden: Sie können von jedermann, jederzeit und in jeder Menge geprägt werden, tragen meist nicht den Namen des Staates und nie einen Geldwert. Wir wollen uns aber nur mit der ersten Gruppe, also den Münzen, befassen.

KURZGEFASSTE GESCHICHTE DER MÜNZE

Tauschhandel und Naturgeld

Unseren Urvätern waren Zahlungsmittel im späteren Sinne unbekannt. Sie bedurften ihrer nicht, denn sie lebten von dem, was ihnen die Natur bot. Das verzehrten sie an Ort und Stelle, wirtschaftliche Wertbegriffe kannten sie kaum. Komplikationen traten erst auf, nachdem die Menschen seßhaft geworden waren. Einer hatte Glück mit seinem Vieh, es gedieh und vermehrte sich, ein anderer bewies besondere Geschicklichkeit in der Herstellung von Bronzeäxten, ein dritter verstand mit der Nadel umzugehen. Diese Arbeitsteilung brachte für den einzelnen einen Überschuß seiner eigenen und Mangel an fremden Waren mit sich, wodurch der Tauschhandel nötig wurde. Dieser war jedoch jahrhundertelang allein vom guten Willen und der Übereinkunft der Partner abhängig.
Dar Tauschhandel hatte zur Folge, daß gewisse Tauschobjekte ihre ursprüngliche Bestimmung einbüßten und so im Grunde genommen zu Vorläufern des Geldes wurden. Diese Rolle fiel schon verhältnismäßig bald den Metallen zu, die sich zu diesem Zweck besonders eigneten, weil sie widerstandsfähig waren und sich leicht aufbewahren ließen. Das Verdienst um die Erfindung des Geldes im heutigen Sinn nehmen mit Recht die Chinesen in Anspruch. Sie gossen aus Bronze kleine

präzise Flächenreproduktionen verschiedener Gebrauchsgegenstände – Messer, Stühlchen u. a. Es wird angenommen, daß diese Miniaturen als Umrechnungswerte für reale Gegenstände galten. Eine Messer-Münze z. B. könnte viele Messer wert gewesen sein.
In der übrigen Welt dauerte der Tauschhandel länger. Aber auch hier wollte man sich auf die Dauer nicht mit so variablen Zahlungsmitteln wie Gemüse oder Vieh begnügen. Es folgten Muscheln, Glasperlen und Metallwerkzeuge, die sich in manchen Teilen der Welt bis heute als „Währung" erhalten haben. Auf den Inseln des Pazifischen Ozeans waren noch vor kurzer Zeit Kaurimuscheln ein beliebtes Zahlungsmittel, im afrikanischen Katanga kleine Eisen- oder Bronzekreuze, in Asien Teepäckchen (= Teeziegelchen). Auch den alten Ägyptern war Geld in unserem Sinn unbekannt. Gezahlt wurde mit abgewogenen Kupferplättchen, mit Goldstaub oder Goldkörnern, Gewichtseinheit war der Uten. Gold war im alten Ägypten als allgemeines Zahlungsmittel nicht in Gebrauch. Es diente ausschließlich Regierungszahlungen, da es als Leib der Götter angesehen wurde. Als erste dürften die Babylonier und Assyrer die Gewichtseinheiten der Metallzahlungsmittel eingeführt haben. Das Geld mußte aber noch immer gewogen werden, was besonders bei kleinen Zahlungen viel Umstände machte.

Die Erfindung der Münze

Den entscheidenden Schritt taten erst die Griechen. Es waren ionische Kaufleute, die auf den Gedanken kamen, kleine gegossene Metallstückchen mit ihrer Handelsmarke zu kennzeichnen. Das erwies sich in zweifacher Hinsicht als vorteilhaft: Erstens konnten sie so ihr „Geld" jederzeit und jederorts wiedererkennen, und zweitens fiel die Mühe mit dem ständigen Abwiegen

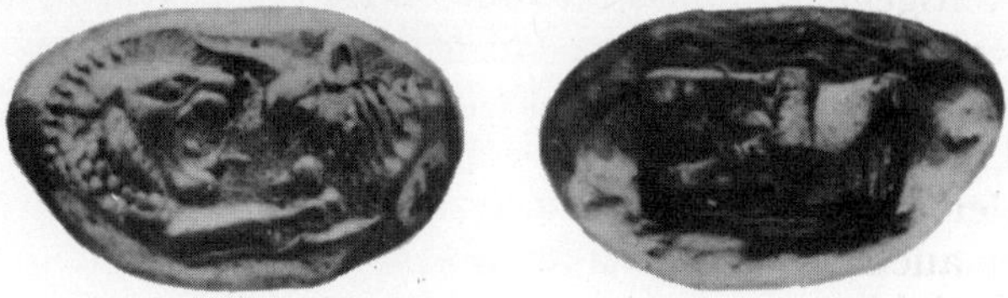

Lydien, Kroisos, Stater um 561—546 v. Chr., Gold

und dem Prüfen des Feingehaltes weg. Dieses Kennzeichen wurde später durch Punzieren mit einem Metallstempel auf der Unterseite des Gußstückes vereinfacht. Dies hat uns Herodot überliefert, und zwar durchaus zuverlässig, wie wir heute wissen. Daher dürfte es wohl auch der Wahrheit entsprechen, wenn er die Erfindung der Münze dem sagenhaft reichen König von Lydien, Krösus, zuschreibt. Dieser hatte wie die meisten Herrscher den Handel und die Edelmetallausbeute in Händen. Er ließ die kostbaren Metalle seiner Schatzkammer abwiegen und jedes einzelne Stück mit einem Löwenkopf, dem Zeichen seines Geschlechtes, versehen.
Damit begann der Umlauf der ältesten Münzen. Sie bestanden aus Elektron, einer natürlich vorkommenden Gold-Silber-Legierung. Sie wurden zum Vorbild sowohl für die anderen griechischen Herrscher und Städte als auch für die Eroberer Lydiens, die Perser, die unter ihrem ruhmreichen König Darius die Vorteile des abgewogenen und gezeichneten Goldes (Dareike) und Silbers zu schätzen wußten. Als Münzbild erschien statt des Löwen- oder Stierkopfes der kniende König als Bogenschütze. Diese Art von Münzen hielt sich bis zur Eroberung Persiens durch Alexander den Großen. Nach und nach wurden sie von den griechischen Stadtstaaten, vor allem von solchen mit hochentwickeltem Handel, über-

nommen, und auf den Münzen erschienen Städtezeichen und Schutzgötter. Das erhabene Relief einer Schildkröte zeigen die sehr attraktiven Münzen von Ägina, auf denen von Akragas sind eine Krabbe und auf den athenischen eine Eule zu sehen. Wer hätte nicht schon die Redewendung „Eulen nach Athen tragen" gehört? („Eulen" war bei Aristophanes — „Die Vögel" — das Kurzwort für die athenischen Münzen.) Man setze statt der Vögel athenische Vierdrachmen (Tetradrachmen). Die antike Welt muß diese Stadt sehr hoch eingeschätzt haben, wenn sie es für überflüssig hielt, noch mehr Geld hinzubringen.

Tafeln (Wenn nicht anders bezeichnet, sind die Münzen aus Silber)

▶

Griechenland:

1 *Athen, Tetradrachme, 5. Jh. v. Chr.*
2 *Rhodos, Drachme, um 180 v. Chr.*
3 *Argos, Tetrobol, um 350 v. Chr.*
4 *Aegina, Stater, 5. Jh. v. Chr.*
5 *Metapont, Stater, 6.—4. Jh. v. Chr.*
6 *Korinth, Stater, 4. Jh. v. Chr.*
7 *Makedonien, Alexander der Große, 336—323 v. Chr., attische Tetradrachme*
8 *Makedonien, Perseus, 178—168 v. Chr., Tetradrachme*
9 *Amphipolis, Tetradrachme, um 380 v. Chr., mit olympischer Fackel*
10 *Pontos, Attalos I., 241—297 v. Chr., Tetradrachme*
11 *Sizilien, Philistis, Gattin Hierons II., 274—216 v. Chr., 16-Litra*

Antiker Orient:

12 *Persien, Dareios, † 486 v. Chr., Golddareikos*
13 *Parthien, Mithradates I., 123—88, Drachme*
14 *Parthien, Phraates III., 70—57 v. Chr., Drachme*
15 *Baktrien, Menadros, 160—144 v. Chr., Drachme*
16 *Ägypten, Arsinoe, 316—270 v. Chr., Gold-Dekadrachme*
17 *Persien, Sassaniden, Hormazd IV., 579—590 v. Chr., Dirhem*
18 *Judaea, Schekel aus der Zeit des Aufstandes, 66—70 n. Chr.*

Römische und byzantinische Münzen:

19 *Republik, Aes grave, 4. Jh. v. Chr.* (Fortsetzung S. 22)

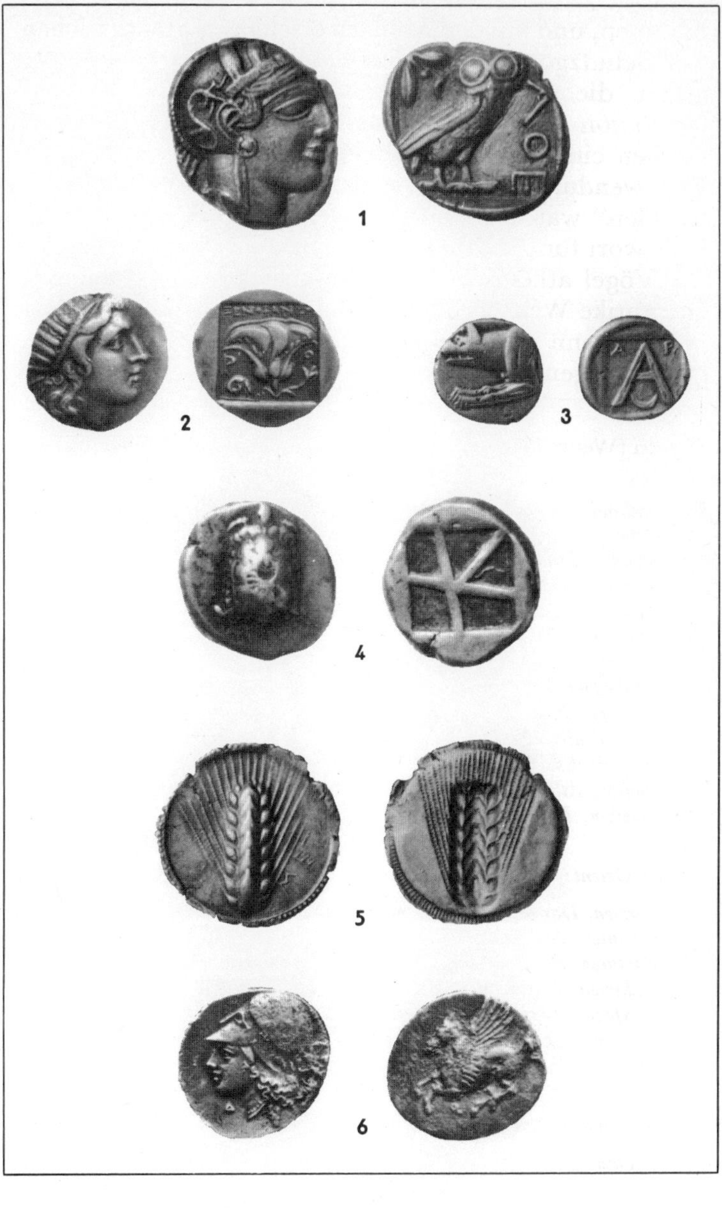
1
2
3
4
5
6

7

8

9

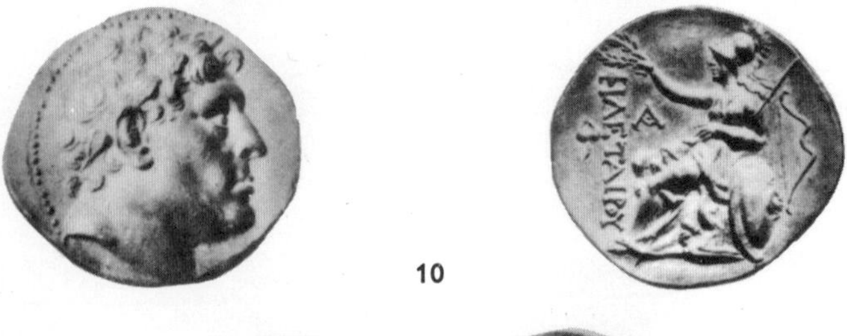

10

11

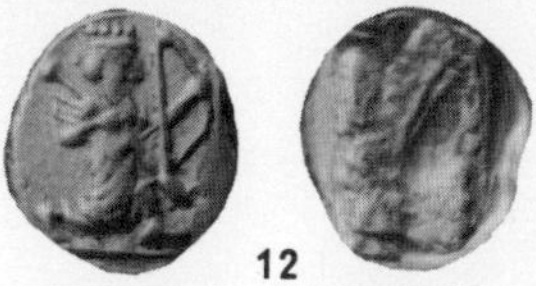
12

13

14

15

16

17

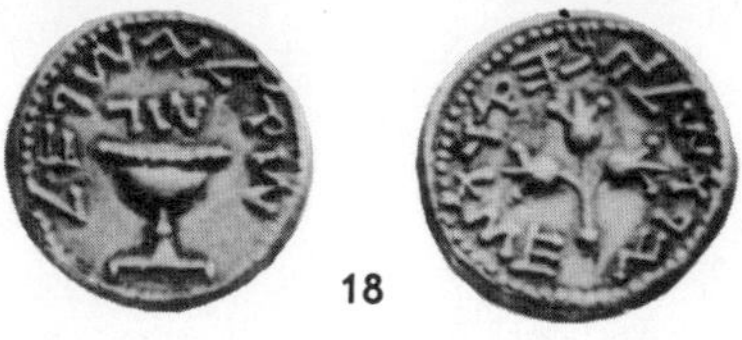
18

19

Die griechischen Münzen sind die Aristokratie der Numismatik. Wir unterscheiden drei Epochen der griechischen Münzgeschichte: Die archaische Zeit (streng komponierte Münzen, ziemlich grob bis primitiv) die klassischen Münzen (Blütezeit, künstlerisch vollkommene Kleinplastiken) und die späthellenistischen Münzen (hervorragende Münzbildnisse). Bis auf unbedeutende Ausnahmen sind sie relativ teuer. Mit der Ausbreitung des griechischen Einflusses und Handels über die Mittelmeerländer entstanden neue Münzzentren. Zu den wichtigsten gehörte Süditalien und vor allem Sizilien. Die Syrakuser Dekadrachmen (Zehndrachmenstücke) bilden den Höhepunkt der griechischen klassischen Münze. Diese Großmünzen tragen sogar oft die Signatur ihres Münzmeisters, wodurch sie sich meist von allen übrigen alten Münzen, die anonym sind, unterscheiden.
Griechische Kolonisten brachten die Münzen und die Kunst ihrer Herstellung bis nach Südfrankreich (Massilia = Marseille), nach Spanien, an die Nordküste des Schwarzen Meeres (Olbia und Pantikapaion) und während der Feldzüge Alexanders des Großen sogar bis Indien. Die Tetradrachmen Alexanders des Großen mit dem schönen Bild des Herakleskopfes im Löwenfell auf dem Avers und dem sitzenden Zeus auf dem Revers repräsentieren eine Münze von Weltbedeutung. Für alle folgenden Jahrhunderte, einschließlich der Gegenwart, wurde die griechische Münze zu einem nie versiegenden Quell der Inspiration.

Rom

Um 550 v. Chr. tauchte die erste römische Münze auf. Mit den anderen Münzen der antiken Welt hat sie kaum etwas gemein. Sie ist ein ziemlich großes, gegossenes Bronzetäfelchen mit dem Relief eines schreitenden Stieres. Hier stoßen wir auf den Zusammenhang zwi-

Rom, Tiberius, 14—37,
„biblischer Denar" mit sitzender Livia

schen dem lateinischen Ausdruck für Vieh — pecus und für Geld — pecunia. Erst später, gegen Ende des 3. Jahrhunderts n. Chr., entwickelte sich eine grob gegossene Münze, aes grave. Auf der Vorderseite trägt sie den doppelseitigen Januskopf, auf der Rückseite einen Schiffsbug (prora). Diese schwerfälligen Gußmünzen wurden von geprägten, ganz unter dem Einfluß griechischer Vorbilder stehenden Silberdenaren abgelöst. Bald darauf begannen sich in den römischen Münzen die politischen Kämpfe widerzuspiegeln, und auf ihren Vorderseiten erschienen treffende, oft fast naturalistische Porträts der führenden Staatsmänner.
Mit dem römischen Prinzipat und dem späteren Kaiserreich erschienen auf den Münzen unendliche Reihen von Bildnissen der Imperatoren und ihrer Familien. Eine von diesen Münzen ist ein Denar mit dem typischen Profil des Kaisers Tiberius auf dem Avers und der sitzenden Livia, der Gemahlin des Augustus und Mutter des Tiberius, auf dem Revers. Es ist jene berühmte Silbermünze, die in der Bibel erwähnt wurde („Gebt dem Kaiser, was des Kaisers ist!"). Es ist wahrscheinlich auch jener Silberling, für deren dreißig Christus von Judas verkauft wurde.
Eine lange Zeit hindurch wurden die römischen Münzen in der traditionellen Reihenfolge herausgegeben: Goldmünzen (aureus), ebenso große Silbermünzen (denarius), große Bronzemünzen (sestertius) und kleinere (as und duponius). Die Porträtkunst stand auf hoher Stufe; die Revers zieren entweder Götterbilder oder die personifizierten Tugenden der Kaiser (oft in krassem Gegensatz zur Wirklichkeit), manchmal auch Gebäude, Sze-

nen aus Feldzügen und vieles andere. Die Schutzgöttin des römischen Münzwesens war Juno Moneta. Von ihrem Namen ist sowohl die englische als auch die französische Bezeichnung für das Wort Geld abgeleitet (money und monnaie).
Mit dem Niedergang des römischen Reiches trat auch eine Verschlechterung seines Münzwesens ein. Der seit langem existierende Denar wurde von seinem Doppelwert, dem Antoninian, abgelöst, der aber nur eineinhalb Denar wog. In der späten Kaiserzeit wurde eine Bronze- und Kupfer-Kleinmünze (follis und centenionalis) geschlagen. Silber wurde nur selten vermünzt, Gold war rar. Oft waren die Provinzen wegen Kleingeldmangel gezwungen, sich auf ihre eigenen Kräfte zu verlassen, d. h. auf eigene Faust Münzen zu prägen.

Byzanz

Durch den Zerfall des römischen Imperiums in das Weströmische und das Oströmische Reich wurde das Äußere der Münzen weitgehend beeinflußt. Während der westliche Teil an den formalen Porträts festhielt, die allerdings längst nicht mehr die Natürlichkeit und Unmittelbarkeit ihrer Vorbilder erreichten, entwickelte der östliche Teil einen eigenen steifen Stil, der die spätere byzantinische Kunst kennzeichnet. Es folgte die Symbolik des Christentums: Die Revers der Münzen zeigten jetzt ein Kreuz. Es wurden unendlich viele Goldmünzen geprägt, wie z. B. der Solidus, der, als „ewige Münze“ gedacht, tatsächlich Jahrhunderte hindurch als Hauptzahlungsmittel umlief. Neu war das häufig wiederkehrende En-face-Porträt. Silbermünzen waren relativ selten und sind daher für den Sammler oft wertvoller als Goldmünzen. Bronze- und Kupfermünzen dagegen gibt es in großer Menge. Eine der häufigsten ist die im Wert von 40 Nummi, die auf dem Revers mit einem M gezeichnet ist. Der langen Reihe der byzantinischen Münzen war mit der Eroberung Konstantinopels 1453 durch die Türken ein jähes Ende beschieden. Aus Konstantinopel wurde Istanbul, und das byzantinische Münzsystem mußte dem türkischen weichen, dessen Münzen zu den orientalischen Prägungen gehören.

Frühes Mittelalter

Durch die Völkerwanderung, die Einfälle barbarischer Stämme und den Untergang des Weströmischen Reiches wurde die Weiterentwicklung des Münzwesens in den betroffenen Ländern für lange Zeit unterbrochen. Da aber die neuen Herrscher die Münzen als Repräsentationsmittel wohl zu schätzen wußten, prägten sie Kopien römischer Münzen, hie und da unter ihrem eigenen Namen, meist aber anonym, wie z. B. die Nachahmungen der byzantinischen Goldsolidi. – Das eigentliche römische Münzwesen endet mit dem Fall Roms im Jahre 476.

Vielleicht tut man der nun folgenden langen Epoche in gewissem Sinne unrecht, wenn man sie als Verfallszeit der Münze bezeichnet. Jedenfalls aber bleibt wahr, daß die Prägungen jener Jahre hinsichtlich ihres künstlerischen Wertes im Vergleich zu dem hochentwickelten, wenn auch dekadenten römischen Münzwesen zweifellos einen Rückfall bedeuten.

Das frühe Mittelalter ist für Münzsammler ein ausgesprochen schwieriger Boden. Die Münzen dieser Zeit sind äußerst selten und daher auch sehr teuer, auch lassen sie sich schwer und nicht immer mit Sicherheit bestimmen. Der Bedarf an Prägegeld war in den germanischen Staaten gering, das Münzwesen entfaltete sich erst mit der Christianisierung. Nur die England beherrschenden Angelsachsen zogen Silberprägungen vor, sonst hielt sich überall der Solidus und sein Drittel, der

Fränkisches Reich, Karl der Große, † 814, Bonner Pfenning

Triens. Dem sonst unbedeutenden König Otto von Mercien verdanken wir die Silbermünze, mit der die lange Reihe der englischen Pennys beginnt. Interessante Münzen prägten die Franken in Gallien. Sie führten darauf oft die Namen der „Münzmeister", d. h. die abgekürzten Namen derjenigen an, die die Münze herausgaben. Wir kennen über zweitausend solche Namen, meist von Germanen, aber auch einige Römer, Kelten und Juden sind hier vertreten. Das Regime der Merowinger wurde vom Karolingerreich abgelöst, das nach langer Zeit endlich wieder Ordnung in das Münzwesen brachte. Die große Münzreform Pippins des Kurzen ermöglichte die Prägung von Münzen auf Grund einer festen Gewichtseinheit (statt Gold- Silberwährung), schränkte die Überzahl der Münzstätten ein und schuf ein besonderes Kontrollsystem. Dieses Werk führte dann Karl der Große weiter. Er rief eine feste Münzordnung ins Leben, die dem gesamten Mittelalter als Vorbild diente und deren Einfluß bis tief in die Neuzeit reichte. Ausgangspunkt der Denare Karls des Großen war das karolingische Pfund (= 240 Denare; 1 Pfund = 20 Schillinge, 367,2 g). Die Denare sind aus hochwertigem Metall geprägt, ihr Durchschnittsgewicht beträgt 1,8 g, und auch ihr Äußeres steht auf hohem Niveau.

Von nun an wuchs die Zahl der Prägungen immer mehr an, so daß es beim besten Willen nicht möglich ist, in diesem kleinen Buch der weiteren Entwicklung des

Tafeln (Fortsetzung von S. 12) ▶

20 *Republik, anonymer Denar — Serratus, 268—264 v. Chr.*
21 *Republik, M. Aburius Geminus, Triumvir monetalis, Denar, 1. Jh. v. Chr.*
22 *Republik, Gaius Publicius, Denar, 79—75 v. Chr. Revers: Herakles würgt den Nemeischen Löwen*
23 *Zeit der Bürgerkriege, Gaius Julius Caesar, † 44 v. Chr., Denar. Avers: Venuskopf; Revers: Aeneas trägt seinen Vater Anchises aus Troja*
24 *Zeit der Bürgerkriege, Gaius Julius Caesar, Denar. Avers: Elefant auf eine Schlange tretend; Revers: Opfergeräte*
25 *Zeit der Bürgerkriege, Gnaeus Pompeius Magnus, Denar, um 50 v. Chr. — gemeinsam mit M. Terentius Varro, geprägt in Cordoba*
26 *Kaiserzeit, Augustus, 24. v. Chr. — 14 n. Chr., Aureus. Revers: seine Adoptivsöhne Gaius und Lucius*
27 *Kaiserzeit, Nero, 54—68, Billon-Tetradrachme, Alexandrien*
28 *Kaiserzeit, Faustina senior, Gattin des Antoninus Pius, 105—141, Sesterz aus dem Jahre 141*
29 *Kaiserzeit, Titus, 79—81, Denar*
30 *Kaiserzeit, Septimus Severus, 193—211, Denar. Revers: Aequitas*
31 *Kaiserzeit, Crispina, Gattin des Commodus, † 183, Denar*
32 *Kaiserzeit, Philippus I. Pater, 244—249, Antoninian*
33 *Kaiserzeit, Urbs Roma, Centenionalis, 4. Jh., Münzstätte Kyzikos*
34 *Byzanz, Leo V. und Constantin, 813—820, Goldsemissis*
35 *Byzanz, Leo VI., 886—912, Silbermiliarense, Constantinopolis*
36 *Byzanz, Theodosius II., 408—450, Solidus*
37 *Byzanz, Manuel I. Comnenos, 1143—1180, Goldnomisma*
38 *Byzanz, Justinianus I., 527—565, 40 Nummi, Nicomadia*
39 *Armenien, Leo I., 1196—1226, Silbertram (byzantinischer Einfluß)*

Mittelalter:

40 *Wikinger in York, Cnut, † 894, Silberpenny*
41 *Fränkisches Reich, Aquitanien, Karl der Kahle, 843—877, Denar*
42 *Fränkisches Reich, Pippin, † 768, Denar*
43 *Köln, Otto I., 936—973, Denar*
44 *Bayern, Heinrich II., 1002—1024, Denar, Regensburg*
45 *Ungarn, Andreas I., 1046—1060, Denar*
46 *Genua, Konrad II., 1034—1039, Grosso*
47 *Tirol, Meinhard II., 1271—1295, Etschkreuzer*
48 *Böhmen, Boleslav I., 929—967, Denar, Prag*
49 *Augsburg, Bischof Bruno, 1006—1029, Denar* (Fortsetzung S. 32)

20

21

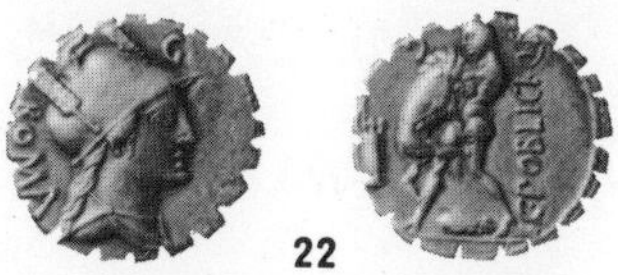

22

23

24

25

26

27

28

29

30

31

32

33

34

35

36

37

38

39

40

41

42

43

44

45

46

47

48

49

Münzwesens nachzugehen. Wir müssen uns daher mit einer informativen Übersicht der Münzgeschichte in einzelnen Staaten begnügen.

Deutschland

Eine endlose Reihe deutscher Prägungen begann mit Ludwig II., dem Sohn Ludwigs des Frommen und dem Enkel Karls des Großen. Zu dieser Zeit gab es noch wenig Münzen. Die sächsischen und fränkischen Könige prägten nur eine einheitliche Münze, den Pfennig, und dessen Hälfte, den Hälbling. Die ruhmvolle Zeit der Hohenstaufen brachte eine neue Münze, den Brakteat, der zu mehreren Stücken auf einen Schlag aus dünnem Silberblech geprägt wurde (lateinisch bractea = Blech), setzte aber daneben auch noch die Ausmünzung von Pfennigen in der gleichen Stärke wie bisher fort. Infolge der abnehmenden Macht der Könige wurden mehr und mehr Münzen von der Geistlichkeit und später auch von den einzelnen Adelsgeschlechtern geprägt.
Das Interregnum brachte eine wahre Flut von Prägungen des niederen Adels mit sich, der auf diese Weise, oft unbefugt, seinen Finanzen auf die Beine zu helfen versuchte. Dadurch wurde wiederum der Einfluß der Städte gestärkt, deren recht gute Münzen sehr begehrt waren und die der räuberischen Münzprägung des Kleinadels wenigstens teilweise einen Riegel vorschoben. So erhielt Lübeck als erste deutsche Stadt das Münzregal (1226); Hamburg und Rostock (1325), Braunschweig (1356) und andere Städte folgten. Oberste Gewichtseinheit wurde die aus Skandinavien stammende Mark (1015), die in die Kölner Mark (233,8 g) überging und der Einheit der späteren Reichswährung den Namen gab. Das fortschreitende Mittelalter ist durch ein Gewirr unzähliger Münzstätten, Lokalemissionen, Prägungen aus minderwertigem Metall und schwierigen Umrechnungs-

Schwäbisch Hall, Friedrich I. Barbarossa, 1152–1190, Händleinheller

systemen gekennzeichnet. Zu den bisherigen Währungseinheiten trat eine neue Kleinmünze, der Heller (seit 1230). Im Zuge von Reformversuchen wurden zuerst die guten und stabilen englischen Silberprägungen nachgeahmt (Deutschland übernahm den Namen Schilling) und später die noch bedeutenderen Turnosgroschen (gros tournois), die es seit der zweiten Hälfte des 13. Jahrhunderts gab.
Durch Nachahmung derselben Prägung entstand auch der berühmte Prager Groschen (seit 1300), der selbst wieder der Ausmünzung der überaus zahlreichen Meißener Groschen als Vorbild diente, die nach ihm ihren Namen tragen (lateinisch grossus). Wie überall begann man auch in Deutschland mit der Ausprägung von Goldmünzen sehr spät, und wie überall stützte man sich auf den florentinischen Fiorino, nach dessen Vorbild der deutsche Gulden (nach 1300) entstand. Später hielt man nicht mehr an der ursprünglich genauen Nachahmung des Vorbildes fest, und auf Grund einer Vereinbarung der vier rheinischen Kurfürsten verringerte sich auch das Gewicht. So entstand ein eigener deutscher „Rheingulden“. Ähnlich wurden um 1500 nach italienischem Muster größere Silbermünzen geschlagen, wie 1774 der Plapphart (auch Plappart oder Dicker), der sich als „Kopfstück“ bis ins 18. Jahrhundert erhielt. Schließlich tauchte auch die erste Münze in Talergröße, der von Erzherzog Sigismund in Hall bei Innsbruck geschlagene Pfundner (1482) auf. Mit dieser Silberprägung begann die neuzeitliche deutsche Münzgeschichte.
Mit der anbrechenden Neuzeit wurde auf den Münzen wieder die Antiqua in der Umschrift eingeführt, in die

Bilder kam Leben, die Porträts wurden ihren lebenden Modellen ähnlicher, allmählich ersetzte man die rein religiösen Symbole durch Wappen, und auf den Münzen erschien endlich ihr Nennwert.
Die Einführung der Talerprägung zu Beginn des 16. Jahrhunderts bedeutete eine einschneidende Wende im gesamteuropäischen Münzwesen, deren Einfluß bis in die Gegenwart reicht. Die Zahl der Münzherren und Münzstätten nahm allmählich ab, die Städte gewannen noch mehr an Bedeutung. Es trat, wenn auch nur vorübergehend, eine gewisse Ordnung ein. An Stelle der bisherigen Goldprägung trat nun der Taler mit seinem in Silber gemünzten Äquivalent, dem Guldengroschen. Jetzt setzte eine Blütezeit der Gelegenheits- und Gedenkmünzen ein. Der Dukaten stand dem Taler an Bedeutung nicht nach. Die gegen Ende des 16. Jahrhunderts beginnende Ausprägung von Kupfer-Kleinmünzen leitete eine Flut von Münzen aus unedlen Metallen ein, die im 18. Jahrhundert ihren Höhepunkt erreichte. Diese Prägungen erlangten jedoch keine Beliebtheit, das Volk zog noch lange die sehr schlechten Silber-Kleinmünzen vor.
Die nie aussterbende Sucht nach schnellem Reichtum verschlechterte die Lage, und es begann die böse Zeit der „Kipper und Wipper“ oder der „langen“ Münze. Die Zahl der Münzstätten wuchs wiederum erschrekkend an, der Silbergehalt der Münzen sank so, daß der Name Silbermünze nur noch wie Hohn klang. Der Preis der alten guten Prägungen begann rapide zu steigen. Der Höhepunkt war 1623 erreicht, da ein Taler von gutem Korn bereits das Zwanzigfache seines Nominalwertes kostete!
Es liefen riesige Mengen von Kupfermünzen um, aus den Haushalten verschwanden die Kupferpfannen und anderes Geschirr, aus den Kirchen die Taufbecken und Glocken. Diesem Münzfieber folgte eine entsetzliche Finanzkatastrophe, die berüchtigte Große Calade (1623).

Kaiser Ferdinand II. hob die verkommene Währung kurzerhand auf, indem er sie auf einen Bruchteil ihres ursprünglichen Wertes herabsetzte und überall wieder Münzen aus guten Metallen prägen ließ. Die Spekulanten waren zu unermeßlich viel Geld gekommen, die Verarmung Deutschlands und der österreichischen Länder war grauenerregend. Aber das Zeitgeschehen war der guten Münze auch diesmal nicht günstig.

Die Riesensummen, die der Dreißigjährige Krieg verschlang, zwangen den Kaiser, die Güte der Münze wieder zu vermindern. Es setzte die sogenannte zweite Kipperzeit ein (seit 1659), in der das Land von minderwertigen ausländischen Münzen überflutet wurde. Um diesem Zustand ein Ende zu machen, wurde eine Menge Edikte und Verordnungen erlassen, aber die halfen so gut wie gar nicht. Erst im ausgehenden 17. Jahrhundert wurde die Ordnung einigermaßen wieder hergestellt, und man münzte wenigstens die höheren Nominalwerte wieder in gutem Metall. Allmählich setzte sich die Leipziger Mark als verbindlicher Münzfuß durch, der Konvention schloß sich 1753 auch Bayern an, und es entstand eine gute, konvertible Konventionswährung. Deutschland zerfiel in zwei große Währungsgebiete: Das nördliche rechnete bis 1873 in Groschen-, das südliche in Kreuzerwährung.

Im 18. Jahrhundert wurden die französischen Goldprägungen mit der Bezeichnung der Herrscher nachgeahmt. Aus den Louisdors wurden Friedrichs d'or usw. König Friedrich II., der Große, wurde zum großen Reformator des Währungssystems und schenkte durch seine Münzordnung den Preußen im Jahr 1750 eine ausgezeichnete Währung (14 Taler pro Pfund).

Unter seiner Regierung erschienen auf den deutschen Münzen zum erstenmal Buchstaben zur Bezeichnung der Münzstätten. Leider wurden die Verdienste des Königs durch ihn selbst stark entwertet, als er infolge der großen Kosten des Siebenjährigen Krieges zu Maßnahmen griff, die das deutsche Münzwesen so verschlechterten, daß seine Reformbestrebungen so gut wie gegenstandslos wurden. Die übrigen deutschen Fürsten taten das Ihrige zur Verschlechterung der deutschen Münzen, was für sie sehr rentabel war, und es drohte eine neue Katastrophe, der der König jedoch gleich nach Kriegsende mit eiserner Hand Einhalt gebot. Kurz danach, noch im Jahre 1764, war die gute Währung wiederhergestellt. Nochmals bedroht wurde sie durch die napoleonischen Kriege. Zu den neuen deutschen Staaten kamen das Königreich Westfalen, wo unter der Regierung von Napoleons Bruder Jérôme sowohl ein deutsches als auch ein französisches Währungssystem nebeneinander existierten, und das Herzogtum Berg, wo der Marschall Joachim Murat seine Münzen prägte.

Nach den unermeßlich kostspieligen Kriegen war es wiederum Preußen, das 1821 zu seiner erprobten Währung zurückkehrte, zu der eine neue Prägung, der Silbergroschen, trat. Der preußischen Münzordnung schlossen sich 1838 auch die übrigen Staaten des Zollvereins an, während die südlichen Staaten bereits ein Jahr früher ihr Guldenabkommen getroffen hatten. Diesem Abkommen trat 1857 auch Österreich bei. Dadurch entstand ein einheitliches Währungssystem, wonach aus einem Pfund von 500 Gramm in Norddeutschland 14 Taler, in Süddeutschland 24½ Gulden und in Österreich 45 österreichische Gulden geprägt wurden. Erst durch die Reichsmünzverordnung von 1871 und 1873 kam es zu einer vollständigen Einheitlichkeit der deutschen Währung. So entstand die Goldwährung. Durch diese Unifizierung verschwand die immer noch bestehende große Zahl unterschiedlicher Münzen und Münznominale, im ganzen 67 Arten.

Nach dem ersten Weltkrieg folgte auf den Zusammen bruch der Reichsmark 1922 zunächst die Rentenmark, dann wieder die Reichsmark. 1945 erlebte Deutschland einen neuen Währungssturz, es folgten die Zinkprägungen der Besatzungszeit bis 1948 (jetzt alle selten), 1948 und 1949 die Herausgabe von Kleinmünzen durch die Bank Deutscher Länder und schließlich ab 1950 die Prägungen der Bundesrepublik Deutschland. Die DDR hat seit 1948 eigene Münzen, mit einer Ausnahme alle aus Aluminium. Seit 1966 prägt auch sie Gedenkmünzen aus Silber.

Tafeln (Fortsetzung von S. 22) ▶

50 *Halberstadt, Hl.-Stephans-Brakteat, 12. Jh.*
51 *Brandenburg, Otto I., 1170—1184, Brakteat*
52 *Ostharz, Otto I., um 1160—1184, Brakteat*
53 *Falkenstein, um 1140, Brakteat*
54 *Halberstadt, Udalrich, 1149—1160, Brakteat*
55 *Mähren, kleiner Brakteat, 13. Jh.*
56 *Bayern, Ernst I. und Adolf, 1435—1438, Pfennig*
57 *Augsburg, Bistum und Abtei, Peter von Schaumburg, 1424—1436, Pfennig*
58 *Österreich, Albrecht V., 1411—1439, Pfennig*
59 *Hessen—Kassel, Ludwig II., 1413—1453, Kronichter Groschen*
60 *Babenberger in Graz, Leopold der Glorreiche, Pfennig um 1530*

Deutsche Münzen der Neuzeit:

61 *Braunschweig—Lüneburg, Rudolf August und Anton Ulrich, 1635—1704, 24 Mariengroschen, 1695*
62 *Sachsen, Christian, Johann Georg und August, 1601—1611, Taler, 1604*
63 *Brandenburg, Georg Wilhelm, 1619—1640, Doppeldukaten, 1638*
64 *Preußen, Friedrich Wilhelm III., 1797—1840, Taler, 1802*
65 *Preußen, Wilhelm I., 1861—1871—1888, Krönungstaler, 1861*
66 *Deutsches Reich, Preußen, Wilhelm II., 1888 bis 1918, 3 Mark zur Hundertjahrfeier der Berliner Universität, 1910*
67 *Weimarer Republik, Gedenk-3-Markstück 1928, Albrecht Dürer*
68 *Drittes Reich, 50 Pfennig, Nickel, 1938*
69 *BRD, Gedenk-5-Markstück, W. und A. v. Humboldt, 1967*

Österreich:

70 *Ferdinand I., 1526—1564, Halbtaler, 1554, Kremnitz*
71 *Tirol, Erzherzog Ferdinand Karl, 1632—1662, Taler, 1654, Hall*
72 *Leopold I., 1657—1705, Kremnitz, Dukaten, 1659*
73 *Franz Joseph I., 1848—1916, Gulden, 1878, Wien*
(Fortsetzung S. 38)

50

52

51

53

55

54

56

58

57

60

59

59

D.G.RUD.AUG.ET ANTH.ULR.DD.BR.ET LU
24
1695 REMIGIO ALTISSIMI UNI.
24
MARIEN
GROSCH
V.FEIN.SILB:

61

62

63

FRIEDR.WILHELM III KŒNIG VON PREUSSEN
EIN THALER
1802

64

65

66

68

67

67

69

FERDINAND·D·G·ROM·HVN·BOE·DAL·C·REX
INF·HISPA·ARCHIDVX·AVSTRIE·DVX·BVR·1554
K B

70

FERDINAND: CAROL: D: G: ARCHIDVX · AVST
1654
DVX · BVRGVNDIAE · COMES · TYROLIS

71

72

FRANC · IOS · I · D · G · AUSTRIAE IMPERATOR
HVNGAR · BOHEM · GAL · LOD · ILL · REX · A · A · 1878
1 FL

73

Österreich

Österreich gehörte ursprünglich als Ostmark den deutschen Münzsystemen an. Die selbständigen österreichischen Prägungen lassen sich am besten vom Aufstieg des Hauses Habsburg an zählen. Das Münzwesen Österreichs kann nach den Erbländern in folgende Gebiete gegliedert werden: Oberösterreich, Niederösterreich, Steiermark, Tirol, Kärnten, Krain, Böhmen und Mähren, Schlesien, Ungarn mit der Slowakei, später Siebenbürgen, Elsaß, die Niederlande mit Luxemburg und der zu Österreich gehörende Teil Italiens. Städteprägungen gab es wenig, aber das Münzen des Adels und insbesondere der Geistlichkeit war außerordentlich ergiebig (Erzbistum Salzburg). Auf die Lokalwährungen folgte 1524 auf Grund einer Verordnung Ferdinands I. eine einheitliche Währung, die bereits auf der Talerwährung beruhte. Seitdem fielen auch die Münzen der böhmischen Länder, Schlesiens und Ungarns unter das österreichische Münzwesen. Dort blieben sie bis 1918. Auch Österreich machte Finanzkrisen durch, insbesondere die Kipperzeit bis 1623, den Bankrott während der napoleonischen Kriege, da schwere Ersatzkupfermünzen zu 15 und 30 Kreuzern herausgegeben wurden und an Stelle der Kupferwährung „Bankzettel“ traten.

1753 kam es zu einem Währungsabkommen zwischen Österreich und Bayern, auf Grund dessen eine Konventionswährung entstand. Nach dem Abkommen zwischen Österreich und den deutschen Staaten wurden bis 1868 Bundestaler geprägt. Diese Währung hieß österreichische Währung und hatte zur Folge, daß der österreichische Gulden, der bis 1838 60 Kreuzer galt, von nun an 100 Kreuzer zählte. Erst 1892 führte Österreich die Goldwährung ein, nach der eine österreichische Krone 100 Heller, in Ungarn 100 Filler hatte.

Dem ersten Weltkrieg folgte eine große Inflation, nach

deren Ende 10 000 Kronen für die Einheit der neuen Währung, 1 Schilling, umgewechselt wurden. In der Zeit zwischen 1938 und 1945 prägte die Wiener Münzstätte reichsdeutsche Münzen mit der Bezeichnung B, seit 1945 gab es wieder die Schillingwährung. Die österreichischen Gedenkmünzen der Gegenwart zu 25 und 50 Schilling sind bei den Sammlern sehr beliebt. Das staatliche Münzamt schlägt jetzt auch Neuprägungen einiger kaiserlicher Handelsmünzen in Gold.
Zu den Besonderheiten des österreichischen Münzwesens gehören die sog. „Schautaler", große, wunderbar ausgeführte Renaissancemünzen, die überwiegend unter Maximilian II. geprägt wurden. Ungarn hatte seine klassische Münzstätte in der slowakischen Stadt Kremnitz (zahlreiche Goldprägungen während der Renaissance), aber es setzte — die Prägungen des Revolutionsjahres 1848/1849 ausgenommen — erst ab 1868 die Münzschrift in Ungarisch durch. Österreich-Ungarn gab seine Münzen meist in zweifacher Ausführung heraus, die einen tragen deutsche, die anderen ungarische Umschriften. Sehr gern werden Münzen aus der langen Regierungszeit Franz Josefs I. (1848—1916) gesammelt, gewöhnlich nach Münzstätten und Jahrgängen. Hierher gehören auch einige große Seltenheiten (Südbahntaler, Doppelgulden Kuttenberg).

Tafeln (Fortsetzung von S. 32) ▶

Böhmen:

74 *Svatopluk, 1107—1109, Denar*
75 *Přemysl Otakar I., 1253—1278, mittlerer Brakteat*
76 *Wenzel II., 1283—1305, Prager Groschen*
77 *Johann von Luxemburg, 1310—1346, Parvus*
78 *Die Grafen Schlick, Taler, o. J. (1520), Joachimstal*
79 *Rudolf II., 1576—1612, „maley" (kleiner) Groschen, 1604, Prag*
80 *Leopold I., 1657—1705, Taler, 1703, Prag*
81 *Maria Theresia, 1740—1780, Kupfer-Gröschl, 1760*
82 *Ferdinand und Maria Anna Schwarzenberg, 1652—1703, Taler, 1696*
83 *Tschechoslowakei, 50-Kčs-Gedenkmünze, 50 Jahre Republik, 1968*
(Fortsetzung S. 70)

74

75

76

77

78

79

LEOPOLDUS · D:G:ROMAN:IMPERA:S:A

80

EIN
GRESCHL
1760

81

FERDINAND ET MARIA ANNA

82

1948 1968
ČESKOSLOVENSKÁ
SOCIALISTICKÁ
REPUBLIKA
50
Kčs

83

Böhmen

Die ältesten Denare erschienen im 10. Jahrhundert unter Boleslav I. und waren von englischen und Regensburger Prägungen beeinflußt. Die Denare aus dem 12. bis 14. Jahrhundert gehören dem Korn nach zu den unterdurchschnittlichen Münzen, werden aber in künstlerischer Hinsicht zu den bedeutendsten europäischen Prägungen jener Zeit gezählt. Der Prager Groschen Wenzels II. beeinflußte ganz Mitteleuropa. Die Münzprägung der Grafen Schlick in Joachimsthal (ab 1514) lieferte die ersten praktisch verwendbaren Taler und gab dieser so wichtigen Münze auch ihren Namen. Aus der Zeit der österreichischen Herrschaft (bis 1918) stammen auch sehr viele Prägungen des Adels und der Geistlichkeit, unter anderem auch eine Reihe von interessanten Prägungen Albrechts von Wallenstein.
Böhmen, ein außergewöhnlich silberreiches Land, versorgte mit diesem Metall die meisten europäischen Münzstätten. Die letzte böhmische Prägung im Rahmen des österreichischen Münzwesens war der Zwanziger des Jahres 1857 aus der Prager Münzanstalt. Die Münzen der selbständigen Tschechoslowakei begannen mit dem Jahr 1922. 1939—1945 erschienen die Zinkmünzen des Protektorats, ab 1945 Rückkehr zur Kronenwährung, 1953 Münzreform, Gedenkmünzen zu 10, 25, 50 und 100 Kronen.

Schweiz

Die Münzen dieses Landes stehen unter dem Einfluß von drei Ländern: Deutschland, Frankreich und Italien. Im Mittelalter gab es ähnliche Münzen wie in Deutschland und zahlreiche Prägungen der Geistlichkeit. Später ausschließlich Prägungen der Kantone und Bemühungen um deren Vereinigung und um ein einheitliches

Währungssystem. Sehr früh erschien der Taler (Bern 1493, Basel 1499, Solothurn 1501). Es gibt große, schöne und sehr wertvolle Barockmünzen. Ab 1791 kam es unter dem Einfluß der französischen Revolution zum Dezimalsystem, 1798 tauchten die heute seltenen Münzen der Helvetischen Republik auf.
Nach Abschaffung der Kantonalprägungen und Einführung des einheitlichen Franken gab es 1 Frank, 10 Batzen, 100 Rappen. 1803 bedeutete die Rückkehr zu den Kantonalprägungen, aber immer noch mit dem Franken als Währungseinheit, dann herrschten eine Zeitlang etwas chaotische Verhältnisse, erst ab 1848 trat wieder Ordnung ein, und nach französischem Vorbild galt 1 Frank 100 Centimes. 1865 kam es zur sog. lateinischen Monetar-Union (Frankreich, Belgien, Italien, Schweiz). Eine Spezialität der Schweizer Prägungen sind die Schützentaler — Fünffrankstücke von hervorragender Güte, die von Sammlern sehr begehrt werden.

Schweiz, Stadt Bern, Taler, 1494

Frankreich, Louis IX.,
1226—1270, Gros tournois

Frankreich

Die Anfänge des mittelalterlichen europäischen Münzwesens sind im alten Frankreich unter der Regierung Karls des Großen (seit 800) anzusetzen. Das französische Münzwesen begann mit Karl dem Kahlen, als das westfränkische Reich zum Königreich Frankreich wurde. Es gab Denare verschiedener Provenienz. Nach dem Aussterben der Karolinger nahm der Adel das Münzschlagen in die Hand, sehr oft auch ohne Befugnis („monnaies féodales").
Die englischen Könige prägten eine lange Zeit in der Normandie und in der Bretagne Münzen. Über hundert Münzherren erhöhten noch das im Lande herrschende Chaos des Münzwesens und verbreiteten minderwertige Prägungen. Zu dem französischen Münzbereich gehörte auch das selbständige Königreich Burgund. Wie in Deutschland gab es häufig Prägungen der Geistlichkeit. Erst Ludwig IX. verbot in seiner großen Münzreform im Jahre 1254 das Nachmünzen der königlichen Prägung und beschränkte die Gültigkeit des Metallgeldes auf die Münzstätten von Tours und Paris.
Zu einer endgültigen Reform kam es 1266, Währungseinheit wurde der Tours-Denar (denier tournois), und es entstand der berühmte Turnosgroschen (gros tournois), der in die Entwicklung des gesamteuropäischen Münzwesens eingriff. Zu derselben Zeit erhielt Frankreich auch seine erste Goldmünze (denier d'or), die das erste Glied einer Reihe prachtvoller Goldprägungen des

französischen Spätmittelalters bildet. Die meisten Münzen zeigen in dieser oder jener Form das Symbol des Königshauses – die Lilie, einen Delphin als Symbol des Dauphins oder ein Stachelschwein, das Tier-Symbol Ludwigs XII. Nach Festigung der königlichen Staatsgewalt wurde dem Adel nach und nach das Münzrecht entzogen und ihm nur das Recht zur Prägung kleiner Nominalwerte (Obol, Denar und später auch Kupfer-Liard) zugebilligt.
Beginnen in Mitteleuropa die Münzen der Neuzeit mit dem Taler, so hat man in Frankreich schon etwas früher mit der Prägung einer Münze im Gewicht von ungefähr $1/4$ Taler, dem Teston, begonnen. Diese Münze wurde nach italienischem Vorbild vom Jahre 1513 an herausgegeben. Ein neuer Nominalwert trat 1577 hinzu, er hieß franc und wurde zugleich mit seinen Teilwerten geprägt. Diese unter der Regierung Heinrichs III. entstandenen Münzen fallen zeitlich mit den ersten französischen Kupferprägungen zusammen.
Heinrich IV. ließ seine Münzen mit dem vollen Wortlaut des königlichen Titels, „Franciae et Navarrae rex“, herausgeben, der sich auf den französischen Münzen bis zum Ende des Königreiches hielt. Unter Ludwig XIII. wurde die weltberühmte Goldmünze louis d'or (der goldene Ludwig) geprägt, und der écu blanc rückte Frankreich sehr spät in den Bereich der deutschen Taler. Die zahlreichen Barockprägungen der nachfolgenden Herrscher bedeuteten einen allmählichen Niedergang, die Münzen wurden aus dem Umlauf gezogen, nachlässig umgeprägt und unter höheren Nennwerten wieder in Kurs gesetzt. Es folgte, wie üblich unter solchen Umständen, ein Finanzkrach, diesmal im Jahr 1720 unter Beihilfe des berüchtigten John Law, der dem Mangel an gutem Metallgeld durch Herausgabe von Banknoten zu steuern versuchte.
Die unsichere Lage dauerte bis zur großen französischen Revolution, in der die lateinische Umschrift der Münzen

durch die französische ersetzt wurde. Ein neuerlicher Mangel an Metall-Kleingeld rief zahlreiche Notprägungen und schließlich eine wahre Flut von Papierscheinen, den bekannten Assignaten, hervor. Dem Chaos setzte das Gesetz vom 28. Thermidor des 3. Jahres der Freiheit (15. 8. 1795) ein Ende, das die bisher geltende Währung kurzerhand aufhob und ein neues Dezimalsystem einführte. Diese Währung überdauerte Napoleon, das neue Kaiserreich, die Republik, das zweite Kaiserreich und reicht im Prinzip bis in die Gegenwart. Das französische, auf die Goldwährung gestützte Währungssystem bildete lange die Grundlage vieler Währungen nicht nur in Europa, sondern auch in Übersee.

Italien

An staatsrechtlicher Zerrissenheit dürfte Italien nur von Deutschland übertroffen worden sein. Das wirkte sich allmählich auch im italienischen Münzwesen aus. Das Mittelalter brachte mit seiner Fülle an Kleinprägungen auch sehr schöne Prägungen der Städterepubliken, von denen besonders die venezianischen und florentinischen hervorragend sind. Sehr wichtig für die Entwicklung der Münze auf der ganzen Welt ist die in Florenz seit 1252 geschlagene Goldmünze, nach ihrem „redenden Wappen" fiorino d'oro genannt, die in Europa als Floren bekannt ist. Auf sie stützte sich die Goldwährung bis tief in die Neuzeit hinein, und sie wurde so oft nachgeahmt, daß es über 100 verschiedene Prägungen mit dem Bild der florentinischen Lilie und Johannes des Täufers gibt, die sich nur durch ihre den einzelnen Staaten angepaßten Umschriften unterscheiden.
Auch Venedig nimmt in der Numismatik einen Ehrenplatz ein. Bereits in der romanischen Epoche wurde hier eine solide Silbermünze (matapane) geprägt, die in den Nachbarstaaten ebenfalls fleißig nachgemünzt wurde.

Später zeichnete sich Venedig auch mit einer sehr wichtigen Goldprägung aus, dem Dukaten, in Venedig zecchino genannt, der sich unter den Goldprägungen der ganzen Welt eine führende Stellung eroberte und dessen guter Name Jahrhunderte überdauerte. Aber auch die Bezeichnung für die gegenwärtige italienische Währungseinheit, die Lira, stammt aus Venedig, und zwar wurde sie von einer größeren, von dem Dogen Niccolo Tron im 15. Jahrhundert geschlagenen Silbermünze übernommen.
Eine große und bedeutsame Gruppe der italienischen Münzen sind auch die Prägungen der Päpste, die mit Hadrian I. im 7. Jahrhundert begannen und mit Unterbrechungen bis in unsere Zeit fortgesetzt werden. Ihr künstlerischer Wert ist außerordentlich hoch. Aus den übrigen italienischen Staatsgebilden müssen wenigstens noch die Münzen Neapels und beider Sizilien mit ihren je nach den politischen Umstürzen in Europa einander ablösenden Herrschern genannt werden, ferner die Münzen Sardiniens und Savoyens, aus denen sich die Münzen des vereinigten Italien und die Prägungen weiterer bedeutender Stadtrepubliken wie Genua, Bologna und Lucca entwickelten. Die Münzen Norditaliens waren lange Zeit hindurch österreichische Prägungen, ebenso wie die Münzen der deutschen Kaiser aus der Zeit ihrer vielen italienischen Feldzüge deutsche sind.
Auch Frankreich prägte Münzen auf italienischem Boden, ja sogar das ferne Spanien beeinflußte sowohl den päpstlichen Thron als auch die Besetzung des Königsthrons von Neapel. Das bunte Mosaik der italienischen Münzen kann noch durch die Prägungen der Malteserritter auf der Insel Malta, durch die Prägungen Venedigs für seine Festungen und Kolonien (Dalmatien, Kreta) und die Revolutionsprägungen der Jahre 1848 und 1849 ergänzt werden. Die Münzen des vereinigten italienischen Königreichs unter Napoleon müssen zu-

gleich auch zu den französischen Prägungen gezählt werden.
Erst nach langen und schweren Freiheitskämpfen entstand im 19. Jahrhundert ein freies italienisches Königreich mit Lirawährung nach französischem Vorbild. In der Zeit kurz vor dem zweiten Weltkrieg wurden in Italien attraktive Münzen in Edelstahl (Acmonital) geprägt, in der Nachkriegszeit brachte die Inflation Kleinprägungen mit hohen Nominalwerten, die bis heute geprägt werden, mit sich. Der Höchstwert ist 500 Lira und wird in Silber geprägt; das gleiche Nominal haben auch die schönen Gedenkmünzen der gegenwärtigen italienischen Republik.

Spanien und Portugal

Im Jahre 711 eroberte Musa ibn Nusahír das einstige westgotische Reich, und in den darauf folgenden acht Jahrhunderten wurden in Spanien Münzen islamitischen Charakters herausgegeben. Das selbständige Kalifat von Cordoba prägte ab 756 den Dirhem. Im Norden prägten die Könige von Aragonien seit dem 11. Jahrhundert die üblichen Denare. Erst 1492 fiel Granada mit seiner Münzstätte in die Hände der Christen. In den übrigen Teilen Spaniens wurden in verschiedenen Münzstätten und unter verschiedenen Lehensherren Kleinmünzen, größtenteils nach französischem Vorbild, geprägt.
Das geteilte Navarra fiel zum Teil an Frankreich, der Süden an Aragonien. Erst unter Alfons IV. begann im vereinigten Königreich Kastilien und León die Ausprägung von breiten Denaren, ebenfalls wieder nach französischem Vorbild. Das 13. Jahrhundert brachte eine breite Goldmünze (dobla), eine mittelgroße Silbermünze aus schlechtem Metall (coronado) und schließlich einen dem Groschen ähnlichen Real zu 12 Mara-

vedi. Hinsichtlich der Größe der mittelalterlichen Goldmünzen nimmt Spanien den ersten Platz ein mit dem zwanzigfachen Wert der Dobla, einer Goldmünze, deren Durchmesser fast 10 cm beträgt.
Die Vereinigung der beiden Hauptteile Spaniens, Kastiliens unter Isabella und Aragoniens unter Ferdinand V., verursachte nach der Heirat der beiden Herrscher auf ihren gemeinsamen Münzen etwas Neues im Münzwesen: die einander zugewendeten Brustbilder des vermählten Paares, was bald auch in anderen Ländern Nachahmung fand.
Trotz der überaus reichen Zufuhr von Edelmetallen aus seinen Kolonien in der Neuen Welt verstand Spanien es nicht, mit diesem Schatz rationell umzugehen. Das Land blieb arm und brachte im Münzwesen nichts Besonderes hervor. Das gilt nicht nur in materieller, sondern auch in künstlerischer Hinsicht, und daran hat sich bis heute nichts geändert. Zum einzigen wirklich bedeutenden Wertbegriff (mit Ausnahme der zahlreichen in der ganzen Welt umlaufenden Goldprägungen, z. B. der bekannten Dublonen) wurde der achtfache Real, der unter dem Namen spanischer Piaster seinen Siegeszug durch die Welt und durch zahlreiche Abenteuerromane antrat. Seine spätere Form ist mit dem europäischen Taler verknüpft.
Die napoleonischen Kriege brachten Aufruhr und Widerstand gegen die Eindringlinge ins Land. In Spanien prägten jetzt nicht nur die Franzosen, sondern auch der „spanische König" – Napoleons Bruder Joseph –, die belagerten Städte und die aufständischen Truppen. Das geschwächte Spanien des ausgehenden 19. Jahrhunderts brachte nur konventionell konzipierte Münzen hervor; eine Ausnahme bilden vielleicht Prägungen verschiedener provisorischer Regierungen oder Münzen der vertriebenen Königin Isabella. Erst mit dem Regierungsantritt Alfons' XII. 1876 zog wieder halbwegs Ruhe im Lande ein, und die Währung stabili-

sierte sich. Seit 1868 gilt das französische Monetarsystem mit der Peseta, die 100 Centimos hat.
Das benachbarte Portugal gab seine Münzen erst nach der Vertreibung der Mauren heraus, nachdem das Land dem Grafen Heinrich von Burgund für geleistete Kriegshilfe zugesprochen wurde; sein Sohn nahm unter dem Namen Alfons 1139 den Königstitel an und prägte seine ersten Münzen, auf denen fünf Schilde mit fünf roten Kreisen die Niederlage der fünf maurischen Fürsten symbolisieren. Unter König Dionysius wurden nach französischem Vorbild Groschenmünzen zu 12 Denaren geprägt. Unter Pedro I. kam es zu einer Münzreform, und Portugal erhielt sein eigenes Währungssystem, freilich wiederum nach französischem Muster: Eine Goldmünze entspricht 1½ französischen Chaise d'or, 1½ Groschen nach dem Vorbild von Tours und einem Billondenar. Später gab es in Portugal viele Goldprägungen, von denen ein zehnfacher Dukaten, eine recht ungewöhnliche Goldmünze, in Europa als „Portugalöser" bezeichnet und vielfach nachgeahmt wurde (Hamburg).
Die Regierungszeit König Emanuels des Großen führte das Land auf den Gipfel des Ruhmes und Reichtums, wozu vor allem die großen Entdeckungen der Seefahrer beitrugen. Portugal errichtete in der ganzen Welt Kolonien, und das Land blühte auf. Nach der Münzverordnung des Jahres 1499 wurde eine lange Reihe von Münzen, einschließlich des Silberportuguez (400 Kupferreis) in der Größe des europäischen Talers geprägt. Erwähnenswert ist, daß die meisten portugiesischen Münzen auf Figuren im Münzbild verzichten und sich mit dem Landeswappen und mit dem Kreuz begnügen. Nach chaotischen Zuständen und der darauf folgenden Annexion des Landes durch den spanischen König Philipp (1580) gelang es Portugal erst im Jahre 1640, seine Selbständigkeit zurückzugewinnen, worauf es wieder mit der Münzprägung begann. Das Land geriet

jedoch neuerlich unter den Einfluß Spaniens, die führende Rolle übernahm allmählich die portugiesische Kolonie Brasilien, wo der letzte Thronfolger Pedro Zuflucht suchte und später brasilianischer Kaiser wurde. 1912 wurde in Portugal die Republik ausgerufen, in der dann nur noch in Escudos zu 10 Reis oder 100 Centavos gerechnet wurde.

England

England ist bei den Münzensammlern der westlichen Welt eines der beliebtesten Länder. Das englische Münzwesen zeichnete sich bereits von den beachtlichen Denaren an durch ein so festes Gefüge aus, daß es ohne sonderliche Veränderungen bis in unsere Tage fortdauern konnte. Man stelle sich bloß vor, daß in England bis Februar 1971 nach der Münzreform Karls des Großen aus dem Jahre 800 gerechnet wurde!
Das Hochmittelalter brachte eine der schönsten Goldprägungen ganz Europas. Eduard III. schlug 1344 eine Goldmünze, die sich an der Seite des Florens ganz Europa eroberte — den Nobel. Zu den schönen Goldprägungen gehörte auch der Sovereign, der Rosenobel und der Angel.
Der Sovereign hat sich als englischer Dukaten bis heute gehalten. Seit Eduard I. prägte England den Groschen (groat), Eduard VI. verfeinerte das Korn der Münzen und führte die erste große Silberprägung (Crown und Halfcrown) als englisches Äquivalent des Talers ein.
Eine Reihe englischer Könige prägte nicht nur in Frankreich, sondern auch im eigenen Lande Münzen

England, König Otto von Mercien, 757—796, Penny, Silber

mit der Titulatur des französischen Königs. Elisabeth I. ließ alle minderwertigen Münzen einschmelzen und wertete das Münzwesen mit schönen Renaissance-Prägungen auf. Seitdem traten im englischen Währungssystem keine großen Änderungen mehr ein: Die Münzen zeichneten sich durch Güte des Metalls und Wertbeständigkeit aus. Die schönen Barock-Prägungen in Gold, die Guinee und ihre Vielfachen, bzw. die Halbguinee, reichten bis in die viktorianische Epoche hinein. Auch das riesige englische Kolonialreich, für das fast alle Münzen im Mutterland geprägt wurden, erhielt ein einheitliches Münzsystem. Unter den letzten Herrschern des Hauses Stuart wurden mehr und mehr Privatmünzen (Tokens) herausgegeben, und zwar meist in Kupfer, das der stets geldhungrige Karl I. für seine zahlreichen Kleinprägungen einführen ließ.
Seitdem wiederholte sich auf den englischen Münzen stereotyp die sitzende Britannia mit dem Dreizack bis in die Gegenwart, als die englische Währung zum Dezimalsystem überging. In den napoleonischen Kriegen erreichte die Prägung der Tokens ihren Höhepunkt. Ab 1816 führte Britannien die Goldwährung ein. Im zweiten Weltkrieg schaffte es die Prägung von Silbermünzen ab. Die Gold-Sovereigns wurden erst wieder in den fünfziger Jahren als Handelsmünzen geprägt, d. h. sie werden zu ihrem Goldwert verkauft, der höher ist als ihr Nennwert. Schließlich wurde mit der Einführung des Dezimalsystems im Februar 1971 die letzte Währung Europas aufgehoben, die noch an dem alten Monetarsystem festgehalten hat. Ende August wurden die 1-Penny- und die 3-Penny-Stücke ungültig. Das Six-Pence-Stück wird allmählich aus dem Verkehr gezogen. Die Münzen *Schottlands* stützten sich im Prinzip auf die englischen Prägungen, für das unterworfene katholische *Irland* wurde in großen Mengen gewöhnliches Kupfer geprägt. Im heutigen Schottland als Teil Großbritanniens sind selbstverständlich englische Münzen in Ge-

brauch. Eine interessante Ausnahme bildete bis vor kurzer Zeit der Schilling, der stets in zweifacher Ausführung herausgegeben wurde, und zwar der eine mit englischer und der andere mit schottischer Rückseite (Distel).

In den letzten Jahrzehnten wurden auch die Sechs- und Dreipennys in dieser Weise geprägt. Das nüchterne und solide Britannien hatte früher nur eine geringfügige Anzahl von Gedenkmünzen. Aber das gegenwärtig stark in den Vordergrund gerückte Interesse für das Münzensammeln und auch wirtschaftliche Schwierigkeiten brachten es mit sich, daß man diesen löblichen Grundsatz umstieß, und nun, besonders für das Commonwealth, in der Londoner Münzstätte eine endlose Reihe von Gedenkmünzen herstellt. Diese gut gearbeiteten und begehrten Münzen sind vor allem Handelsobjekt und als solches ein willkommener Zuschuß in die Staatskasse. In dieser Hinsicht steht jedoch England zum großen Leidwesen der Münzsammler nicht allein da!

Zu dem Münzbereich Großbritanniens gehören auch die Insel Malta (bis vor kurzem ebenfalls Zypern), Gibraltar und drei kleine Inseln im Ärmelkanal, Jersey, Guernesey und Man. Auf Malta sind englische Münzen im Umlauf, während für Gibraltar und die Kanalinseln viele Prägungen, meist auch große Crownstücke, herausgegeben wurden, die vom praktischen Gesichtspunkt aus überflüssig und vor allem für Sammler bestimmt sind.

Das übrige Europa

Die anderen europäischen Länder können nur flüchtig erwähnt werden. Bedeutende Prägungen, meist Goldmünzen, kamen in der Vergangenheit aus den *Niederlanden;* sie sind in allen größeren europäischen Funden aus der betreffenden Zeit vertreten. Im Königreich

Holland hat sich bis heute das Silber als Prägemetall für die höchsten Nennwerte erhalten. Flandern und Brabant schlugen bereits im Mittelalter schöne Münzen, von denen die goldenen besonders attraktiv sind. Ihre Vorbilder waren französische, deutsche und englische Prägungen.

An der Spitze der *skandinavischen Länder* stand Schweden, das unter Karl XII. große Serien von Not-Dalern in Kupfer herausgab. Die neueren schwedischen Münzen sind durch ihre Güte und zeitgemäße Konzeption gekennzeichnet. Die bedeutenden Prägungen Dänemarks stammen aus der Barockzeit. Norwegen besitzt neuere Münzen erst seit seinem Austritt aus der schwedisch-norwegischen Union im Jahre 1905. Finnland prägte lange Zeit unter Rußland, seine eigenen Münzen gab es erst als selbständiger Staat nach dem ersten Weltkrieg heraus.

Ziemlich verwirrt ist das *russische Münzwesen* vor Peter dem Großen. Dieser reformierte die Währung des Landes und paßte sie europäischen Vorbildern an. Das zaristische Rußland hat den Münzensammlern viel Interessantes zu bieten, die Münzen der UdSSR leiden unter Monotonie und einem Mangel an künstlerischem Erfindergeist. Die Prägungen der *Balkanländer* sind insofern interessant, als sie erst nach der Befreiung der einzelnen Städte von der Türkenherrschaft, überwiegend in der zweiten Hälfte des 19. Jahrhunderts, entstanden sind. Das gilt auch für das neue Griechenland, dessen schöne, aber an Zahl geringe Münzen erst mit der Befreiung des Landes im Jahr 1828 beginnen und sich auf antike Vorbilder stützen.

Ein zu Unrecht vernachlässigter Sammelbereich sind die *polnischen Münzen;* sie sind zahlreich und fesseln besonders durch hochwertige Renaissance-Prägungen. In den Münzbildern spiegeln sich oft die bewegten Zeitläufte dieses Landes wider; unter das polnische Münzwesen fallen auch die Prägungen der Länder, von

denen Polen im Wandel der Geschichte beherrscht wurde, nämlich die Münzen des Deutschen Ritterordens, Preußens, Österreichs und vor allem Rußlands.
Eine Sondergruppe bilden die Münzen der kleinen und Zwergstaaten (Monaco, San Marino, Liechtenstein und Luxemburg). Zu den europäischen Münzen werden allerdings auch einige außereuropäische Prägungen gezählt, wie z. B. die Münzen der Kreuzfahrer-Staaten, die Münzen Islands und der modernen Türkei.

Außereuropäische Münzen

Am ältesten sind die orientalischen Münzen, deren Entstehung in den Uranfang der Münzherstellung fällt. Es sind dies vor allem die altpersischen, parthischen, baktrischen Münzen und die Prägungen der ptolemäischen und seleukidischen Herrscher im Nahen Osten. Eine große Gruppe bilden später die arabischen Münzen. Ein schwer zu bewältigender, aber dankbarer Bereich sind die Prägungen des alten Indien einschließlich der indischen Fürstentümer, von denen manche noch vor gar nicht so langer Zeit Münzen schlugen. Die chinesischen Münzen dürften die ältesten auf der Welt sein, zweifellos aber sind es die Münzen mit der ältesten Tradition: Sie sind gegossen, bereits kreisrund, tragen chinesische Zeichen und haben in der Mitte eine viereckige Öffnung. Ihr Anfang fällt ins 7. Jahrhundert v. Chr., und sie wurden ohne Unterbrechung und praktisch unverändert bis zum Jahre 1912 geprägt. Veränderungen unterlagen nur die Namen der Kaiser und die bilderreichen Bezeichnungen ihrer Regierungsepochen.
Die japanischen Münzen der älteren Zeit stützten sich auf chinesische Vorbilder, nahmen aber zu Beginn des 19. Jahrhunderts die Form von goldenen und silbernen Plättchen, Rechtecken oder Ellipsen an. Sie wirken sehr dekorativ und sehen eigentlich gar nicht wie Geld aus.

Die große Gruppe der *Kolonialmünzen* gewinnt in den letzten Jahren immer mehr an Beliebtheit. Es geht von ihnen der Hauch romantischer Entdeckungsfahrten und verflossenen Ruhmes aus. Die meisten Kolonialmünzen sind englischer Herkunft, in ihrer ältesten Form übernehmen sie noch die Währungen der betreffenden Gebiete und deren Bezeichnungen (Stuiver u. a.). Zu den Kolonialmünzen gehören auch die Münzen großer Handelsgesellschaften, die mit dem Osten Handel trieben, wie die von der Ostindischen Handelskompanie oder deren niederländischem Vorbild herausgegebenen Prägungen.

Frankreich prägte Kolonialmünzen hauptsächlich für Kanada, für seine Besitzungen in Amerika und für einige kleinere Inseln, im 19. Jahrhundert dann für Indochina und Nordafrika, im 20. Jahrhundert für die halbunabhängigen afrikanischen Gebiete. Auch Italien, Belgien und Dänemark (Dänisch-Westindien) hatten ihre Kolonialmünzen. Eigentümlich ist, daß die Erfindung der Münze sich auf Europa und Asien beschränkt. Afrika und Amerika besaßen keinerlei Zahlungsmittel im Sinne einer Währung, als die man Goldstaub oder Naturalien ja nicht bezeichnen kann.

Einen wichtigen Abschnitt bildet das Münzwesen der drei *amerikanischen Staaten*. Sein Anfang fällt mit der Entdeckung dieser Länder durch ihre Eroberer zusammen. Daher haben Mexiko und Peru die ältesten Münzen der Neuen Welt, die unter der Herrschaft der Spanier schon sehr bald auf eigenem Boden geprägt wurden. Ähnlich war es mit den englischen Kolonien in Amerika. Nachdem die größte sich von dem Mutterland losgerissen hatte, begann die Geschichte des Geldwesens der Vereinigten Staaten.

Die britischen Kolonien in Nordamerika hatten schon vorher ihre eigenen Münzen, wie z. B. die bekannte „Rosa Americana“, aber ein eigenes Währungssystem auf Grund des Dollars zu 100 Cent begann erst im Jahre

1787, und der erste Silberdollar wurde 1794 geprägt. Da die meisten Münzensammler der Welt in den USA leben, ist der Kauf alter (aber auch vieler neuerer) amerikanischer Prägungen ein recht kostspieliges Vergnügen (z. B. Gedenk-½ $). Aber für die übrigen Sammler bleiben ja noch die Münzen Mexikos, die alle Umstürze und Revolutionen dieses Landes getreu widerspiegeln, und die Prägungen der vielen anderen Staaten Mittel- und Südamerikas. Diese schlugen ihre Münzen, von den Kolonialprägungen abgesehen, etwa seit den unter der Führung Simón Bolívars ausgebrochenen Freiheitskriegen. Eine Ausnahme bildete das portugiesische Brasilien, wo das Kaiserreich von der Republik abgelöst wurde.
Der jüngste Kontinent, Australien, hat auch die jüngsten Münzen. Die Prägungen der Goldsovereigns für das Mutterland im vorigen Jahrhundert nicht mitgerechnet, erschienen die ersten australischen Münzen erst im Jahre 1910. Interessante Sammelobjekte sind auch die Münzen der neuen Staaten Afrikas, die ausnahmslos aus europäischen Münzstätten stammen. Hier ist leider anzunehmen, daß die Münzen weniger für den Umlauf als für die Sammler herausgegeben werden. Einige neue Zwergstaaten sind bemüht, ihre Minderwertigkeitskomplexe dadurch zu kompensieren, daß sie außerordentlich hohe Nominalwerte von Gold- und Silbermünzen herausgeben, die allein für die Regale der Münzenhändler bestimmt sind.
Wenn Edelmetalle unerschwinglich sind, dann muß für die Gedenkmünze anläßlich des 1. oder x.ten Jahrestages der Selbständigkeitserlangung Kupfernickel herhalten, auf jeden Fall aber unter eingeschränkter Prägung der teueren „proofs“. Diese Münzen hören dann eigentlich auf, Zahlungsmittel zu sein, und stellen Spekulationsobjekte dar, die nicht einmal am legalen Ausgabeort zu erhalten sind. Dieser Unfug muß auch gewissen arabischen Scheichtümern zum Vorwurf gemacht werden. Hinsichtlich solcher Prägungen gibt es

nur einen einzigen Rat, und der heißt: Hände weg! Abschließend muß noch die kleine, aber sehr interessante Gruppe *deutscher Kolonialmünzen* erwähnt werden. Sie bilden eine abgeschlossene Einheit, ihre Zahl ist beschränkt, und sie sind heute schon ziemlich rar. Die wertvollste davon ist das mühevoll gearbeitete Fünfzehn-Rupien-Stück in Gold, das während des ersten Weltkriegs in Tabora in Deutsch-Ostafrika herausgegeben wurde. Es ist mit Sicherheit zu erwarten, daß die Preise der deutschen Kolonialprägungen infolge ihrer niedrigen Emissionszahl in Zukunft stark steigen werden.

MÜNZTECHNIK UND MÜNZRECHT

Die antiken Münzen entstanden ursprünglich durch Gießen einer abgewogenen Metallmenge in Klümpchen. Der eine Stempelstock wurde in eine feste Unterlage (Holzklotz) eingelassen, den anderen hielt der Münzer in der Hand. Das Ausprägen der Münze erfolgte durch einen, oft auch mehrere Hammerschläge auf den Oberstempel. Der untere Prägestock bestand aus einem in vier gleiche, bedeutend vertiefte Teile geteilten Viereck, in dem das Metall auf dem Unterstempel genügend Halt hatte. Dieses sogenannte „quadratum incusum" ist ein typisches Kennzeichen alter griechischer Münzen. Der Prägestempel wurde aus freier Hand graviert, anfangs in Bronze, später in Eisen und in durch Härten entstandenem Stahl. Die Stempel nützten sich sehr rasch ab und mußten dann immer wieder durch neue ersetzt werden. Daher kommen die antiken Münzen in so vielen Varianten vor, auf denen ein und dasselbe Motiv in verschiedener Ausführung verfolgt werden kann.
Im Mittelalter setzte sich diese Technik fort, man goß aber das Edelmetall in lange, Zaine genannte Stäbe, die zu entsprechend dicken Blechen gewalzt wurden.

quatratum incusum

Daraus wurden mit einer Schere viereckige Metallplättchen (Schrötlinge) ausgeschnitten, aus denen man die Münzen prägte. Durch Beizen und Säurebäder wurde den Münzen Glanz verliehen. Die Stempel prägte man auch hier aus freier Hand, aber schon sehr alte Denare lassen erkennen, daß bei ihnen die Einprägungen der einzelnen Buchstaben der Umschrift durch zu diesem Zweck hergestellte Punzen erfolgte.

Die Maschinentechnik wurde beim Münzprägen erst verhältnismäßig spät angewendet. Schon vorher hatte man versucht, die bei der Handprägung immer wieder vorkommenden Fehler zu vermeiden. Beim Doppelschlag z. B. bewirkte der Doppelhieb auf den Prägestempel, daß die Konturen der Münze doppelt, manchmal sogar dreifach ausgeprägt wurden, oder daß der exzentrisch angesetzte Stempel an den Rändern einen Teil des Münzbildes verwischte. Bei unter zu schwachem Druck geschlagenen Stücken erscheint das Münzbild nur undeutlich.

Später waren beim Münzschlag zwei Männer am Werk, der eine hielt den Stempel fest, der andere führte die Hammerschläge aus. Darauf folgte das modernere Prägen mit Hilfe des fallenden Hammers (Hall in Tirol im Jahre 1484) und im 16. Jahrhundert bereits mit Walzen. Der Prägestock hat sich in eine Walze mit eingravierten Stempeln verwandelt, fuhr unter Druck über die Münzbleche und erzeugte in kurzer Zeit eine Menge ziemlich gleichmäßig geformter Münzen, die dann mit der Stanze ausgestückelt wurden. Die Einführung dieser modernen Technik stieß fast in ganz Europa auf geschlossenen Widerstand der Münzer, die fürchteten, durch die Maschine um ihr Brot gebracht zu werden.

Aber auch die Walztechnik hatte ihre Nachteile. Die Walzen zerbrachen oft oder bekamen Risse, so daß wegen eines einzigen Stempels die ganze Walze ausgewechselt werden mußte. Diesem Übelstand suchte man durch Einpassen der Prägestempel in die Walze abzuhelfen, aus der sie wie Pilze mit runden Hüten und dicken Stielen herausragten. Die mit Walzen geprägten Münzen sind auf den ersten Blick daran zu erkennen, daß sie, je nach dem Durchmesser der Walze, mehr oder weniger durchgebogen sind. Es wäre daher ein grober Fehler, sie durch Pressen gerade zu biegen, was leider immer wieder vorkommt.

Um die moderne Präzisionstechnik der Münzerzeugung haben sich die Franzosen verdient gemacht, die bereits 1552 in der staatlichen Münzstätte in Paris die Spindelpresse, eine Erfindung des Augsburgers Max Schwab, praktisch geprüft hatten. Vier Arbeiter, Stoßer genannt, drehten mit der Hand die langen Arme einer Prägepresse, in deren Mitte der fünfte Mann stand und die Schrötlinge einlegte. Die Prägestempel waren einander gegenüber in zwei dicken hohlen Walzen angebracht. Wenn die Arme der Presse gedreht wurden, übte die obere Walze einen gewaltigen Druck auf die untere aus. Diese Prägepresse (Balancier) hat sich in den Münzwerken bis in die Gegenwart gehalten (s. S. 61).

Die Prägung war äußerst präzise, Fehler kamen kaum je vor, die Einstellung von Avers und Revers stimmte aufs Haar. Aber auch diese Erfindung konnte sich nur langsam durchsetzen. Noch zu Beginn des 18. Jahrhunderts wurde in den kleinen Münzstätten nach der alten Methode geprägt. Ganz fehlerfrei war die Spindelpresse freilich auch nicht: Bei allzu großem Druck kam es öfter vor, daß die Stempel sprangen. Aber dieser Nachteil wurde durch eine im Jahre 1817 erfundene mechanische Presse mit regulierbarer und gleichmäßiger Hiebkraft beseitigt, die mit elektrischem Antrieb und anderen technischen Verbesserungen noch in den Münz-

werken unserer Zeit in Gebrauch ist. Eine moderne Prägepresse stellt in einer Minute bis zu 180 Stück Münzen her, schiebt die Schrötlinge selbsttätig vor und sondert die ausgestückelten Münzplättchen ab.
Früher kam es hin und wieder vor, daß zur Prägung einer Münze irrtümlich zwei nicht zueinander gehörige Stempel verwendet wurden. Wenn solche Stücke bei der Kontrolle unentdeckt blieben und in den Umlauf, kamen, stellten sie eine numismatische Rarität dar. Nach der Art ihrer Entstehung nennt man sie Zwittermünzen. Sie sind äußerst selten. Rar sind auch Münzen, die beim Prägen mit der Hand vom Unterstempel abgesprungen sind, wodurch eine Seite ungeprägt blieb. Solche einseitigen Münzen dürfen nicht mit Prägungen verwechselt werden, die bis ins späte 19. Jahrhundert bewußt nur einseitig geschlagen wurden, was jedoch nur für kleine Nennwerte in Betracht kam.

Gewinnung der Münzmetalle

In der Vergangenheit wurden die Münzwerke meist in der Nähe von Erzgruben (Joachimsthal, Freiberg in Sachsen, Kuttenberg, Potosi in Mexiko) oder in der

Stempel aus dem Taschenwerk

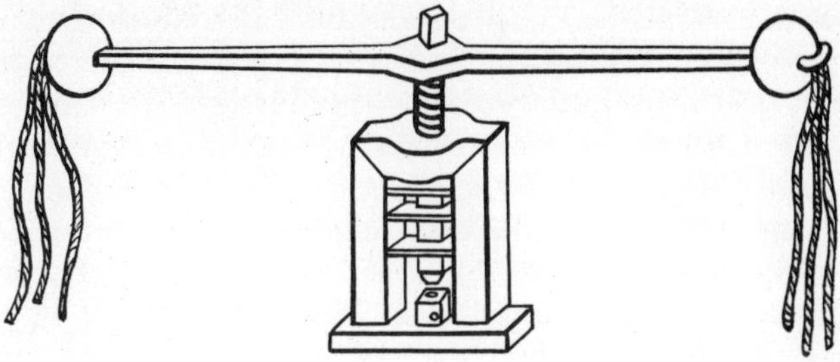

Spindelpresse — Balancier

Nähe von für den technischen Betrieb und das Schmelzen der Metalle nötigem Wasser angelegt. Der Zusammenhang zwischen Bergbau und Münzherstellung geht schon aus zahlreichen Ausbeute-Prägungen (s. Münzmotive S. 115) hervor, auf denen die Herkunft der Münze aus einem bestimmten Bergwerk manchmal durch Münzbilder, manchmal durch Aufschriften wie „Segen des Mansfelder Bergbaues" betont wurde. Nach dem Wort Auslese wurden diese Münzen allgemein Löser genannt.
Aus sehr gutem Metall geprägt, wurden sie zu beliebten Sparmünzen. Sie erschienen meist als Taler und deren Vielfache und waren in Deutschland besonders in Braunschweig-Lüneburg verbreitet, wo es auch überaus große Münzen im zehnfachen Wert eines Talers gab, die die Untertanen auf Anordnung des Landesherrn oft als Notgroschen zurücklegen mußten.
Der Bergbau war nicht die einzige Quelle, aus der Münzmetalle gewonnen wurden. Gewisse dazu befugte Personen kauften für die Münzwerke verschiedentlich Bruchstücke von Edelmetall, beschädigte Schmuckstücke u. ä. auf. Dieses Rohmaterial (Pagament) wurde eingeschmolzen und vermünzt. Eine andere Rohstoffquelle

für Münzmaterial waren ungültige, aus dem Umlauf gezogene Münzen, die umgemünzt wurden. Es kam auch vor (am häufigsten in Frankreich), daß die Münzstätte das Einschmelzen für überflüssig hielt und auf die alten Stücke nur ein neues Münzbild prägte, unter dem dann freilich nicht selten noch das urspüngliche zu erkennen ist. Solche Münzen zeigen zweierlei Umschriften oder Jahreszahlen, doppelte Konturen der Porträts oder des ganzen Münzbildes. Man verwechselt sie oft mit dem Doppelschlag, der, wie bereits erwähnt und wie auch sein Name sagt, durch doppelten Schlag entstanden ist.
Auf dem Doppelschlag erscheinen immer nur Spuren ein und desselben Münzbildes, während eine überprägte Münze zwei verschiedene Bilder aufweist.

Stempelschneiden

Mit der Herstellung der Stempel sind wir bei der künstlerischen Komponente der Münztechnik angelangt. In der Vergangenheit wurden die Schöpfer der Stempelgravierungen Stempelschneider genannt. Noch bis zum vorigen Jahrhundert mußten die Gravierungen der Stempel in derselben Größe ausgeführt werden, in der sie auf der zu prägenden Münze erscheinen sollten. Einen entscheidenden Wendepunkt brachte die Erfindung des Verkleinerungsgerätes durch Janvier. Der Künstler schafft ein Gips- oder anderes plastisches Modell von etwa einem halben Meter Durchmesser, das in die Verkleinerungsmaschine gespannt wird, die mit Hilfe eines Nadelsystems die erhöhten Stellen auf einen Stempel bestimmter Größe überträgt und mit Graviernadeln das Münzbild eingräbt. Damit ist der Stempelschneider im ursprünglichen Sinn bei der Münzherstellung überflüssig geworden. Die Erfindung Janviers ermöglicht es, abgenutzte Stempel durch ganz gleiche neue zu ersetzen. Beim Gravieren aus der Hand konnten aufs Haar gleiche Stempel ein und derselben Münze selbst beim allerbesten Willen und Können nicht erzielt werden, wodurch eine Menge Varianten entstand.

Münzbeamte

Schon zur Zeit der römischen Republik stand die Münzprägung unter der Aufsicht von drei höheren Beamten, genannt „triumviri monetales", deren Namenszeichen die sog. Konsulardenare trugen. Da wir die Reihenfolge dieser Beamten kennen, ist uns die Möglichkeit gegeben, die Jahreszahl der betreffenden Münzen wenigstens annähernd zu bestimmen.

Später wurde mit der Verwaltung der Münzstätte ein von der königlichen Kanzlei ernannter Münzmeister betraut, der Qualität und Feingehalt der Münzen zu überwachen hatte. Sehr oft, besonders aber bei Barockmünzen, stand dem Münzmeister das Recht zu, sein Zeichen oder die Initialen seines Namens auf die unter seiner Verwaltung geprägten Münzen zu setzen. So sind uns zahlreiche Münzmeister gewisser Münzstätten, vor allem in Sachsen und Österreich, bekannt.

Signatur des Stempelschneiders aus einem Fünffrankstück Napoleons als Konsul: Tiolier

Münzmeister-Zeichen auf sächsischen Münzen: 1. Eichel — Annaberg, Matthäus Rothe, 1545—1554; 2. Fische — Dresden, Christoph Fischer, 1678—1686. 3. Lilie — Freiberg, Hans Hausmann, 1499—1541; 4. Dreiblatt — Zwickau, Augustin Horn, 1478—1494

Manchmal erscheint auf den Münzen auch das Zeichen oder Monogramm des zweithöchsten Münzbeamten, des Wardeins, dessen Hauptaufgabe die Kontrolle der technischen Arbeitsprozesse war. Ein Beispiel für Münzmeister-Zeichen ist der Maria-Theresien-Zwanziger aus der Prager Münzstätte, Jahrgang 1777, der auf dem Revers links von der Klaue des Kaiseradlers die Buchstaben EvS, das Zeichen des Münzmeisters Paul Erdmann von Schwingerschuh, trägt, und rechts die Buchstaben IK, das Zeichen des Wardeins Johann W. Kendler. In einer Münzanstalt waren natürlich auch noch viele andere Beamte und Angestellte beschäftigt, wie Schreiber und Verwalter, vor allem aber natürlich Münzer, eine Bezeichnung, die alle an der Münzherstellung beteiligten Personen einbezog. Die wichtigste Arbeit verrichteten ohne Zweifel die Präger. — In allen Ländern wurde aus den Reihen des Adels der oberste Münzmeister (heute würden wir ihn als Generaldirektor der Münzerzeugung bezeichnen) ernannt, der für das Wohl seines Landes in finanzieller Hinsicht mitbestimmend war.

Österreich, Maria Theresia, Prager Zwanziger 1777 mit Münzmeister- und Wardein-Monogrammen

Bezeichnung der Münzstätten

Bereits die alten Römer hatten die Bezeichnung der einzelnen Münzwerke durch Namenszeichen oder Abkürzungen eingeführt. Im römischen Imperium gab es unzählige Münzstätten (davon im 3. Jahrhundert n. Chr. allein in Rom 250!). Das Münzwesen war einheitlich, und die Münzen unterschieden sich voneinander nur durch die Zeichen der Münzstätte, die im sog. exergue, d. h. auf dem Revers unter dem Trennungsstrich im unteren Teil, angebracht war. Von der großen Zahl dieser Zeichen nur einige wenige Beispiele:

R oder griechisches P (Prima) — Rom
Con — Constantinopolis
ANA, SMKA — Antiochia
SIS — Siscia
PLN — London
TRS — Trier
ALE — Alexandria
MOSTE — Ostia
SMTSP — Thessaloniki
SMKB — Kyzikos 2
SMAN — Nicomedia
AQP — Aquileja

Die römischen Münzstätten zeichneten ihre Prägungen erst seit der zweiten Hälfte des 3. Jahrhunderts n. Chr. Die Buchstaben A oder B vor bzw. nach dem Zeichen der Münzstätte zeigen an, ob das betreffende Stück in der ersten oder zweiten Münzstätte desselben Ortes hergestellt wurde, das SM bedeutet „Sacra Moneta".
Die Münzstätten des Mittelalters weisen nur selten eine direkte Bezeichnung der Münzstätte auf, da der Herstellungsort der Münze sich fast in jedem Fall mit dem Ausgabeort deckte. So wurden die Kölner Münzen in Köln, die Regensburger Münzen in Regensburg usw. geprägt. Auch später, was schon aus den Umschriften hervorgeht, bestand in der Regel kein Unterschied zwischen dem Präge- und dem Ausgabeort der Münzen.
Einen Fortschritt weist erst das österreichische Münzwesen auf, das sich auch auf den größten Teil des Deutschen Reiches erstreckte, da die österreichischen Herzöge zugleich auch deutsche Kaiser waren. Der österreichi-

Exergue römischer Münze mit Abkürzung der Münzstätte: PLN – London

sche Adler, der bisher einen Schild mit der Bezeichnung des Nennwertes der Münze auf der Brust getragen hatte, änderte sich, und auf dem Schild erschien das Zeichen des Landes, das die Münze herausgab: ein Balken für Oberösterreich, der doppeltgeschwänzte Löwe für Böhmen, ein Adler für Schlesien usw. Unter dem Brustbild erscheint das künstlerisch meist vortrefflich ausgeführte Zeichen des Münzmeisters.

Kennt man sämtliche vorkommenden Zeichen und Abkürzungen der Münzmeister, worüber die Fachliteratur Auskunft gibt, ist es nicht schwer, die Münze einer bestimmten Münzstätte zuzuordnen. Einen weiteren Fortschritt bedeutet die Bezeichnung der Münzstätten durch Buchstaben, wie z. B. anfangs in Österreich der Anfangsbuchstabe der Stadt, später dann nur der Reihe nach die Buchstaben des Alphabetes. Dieses unter Josef II. ins Leben gerufene System, das sich außerordentlich bewährte, bezog auch große Teile Deutschlands mit ein, von dem es später allgemein übernommen wurde. Da der Sammler oft damit zu tun hat, wollen wir die wichtigsten Beispiele solcher Münzstätten anführen:

Wien: bis 1771 W, dann A
Kremnitz: K–B, später nur B
Prag: P, ab 1768 C
Graz: G, G–R, 1768–1772 D
Karlsburg: bis 1764 C–A, 1765–1867 E, 1868–1871 GY–F
Hall: H–H, ab 1765 F
Günzburg: H, G
Mailand: M
Nagybánya: N–C, ab 1777 N–B
Schmöllnitz: S
Venedig: V
Antwerpen: Hand
Brügge: bis 1713 Lilienblüte, bis 1754 Löwe
Brüssel: Köpfchen

Zeichen der reichsdeutschen Münzstätten seit 1871:

A — Berlin
D — München
E — Dresden—Muldenhütten
F — Stuttgart
G — Karlsruhe
J — Hamburg

Nur kurze Zeit in Betrieb:

B — Hannover (bis 1878)
C — Frankfurt a. M. (bis 1879)
H — Darmstadt (bis 1882)

Eine kompliziertere Angelegenheit sind die Zeichen der französischen Münzstätten, in denen bereits im ausgehenden Mittelalter Geheimzeichen (points secrets) in Form von Punkten unter den einzelnen Buchstaben der Umschrift verwendet wurden. Es wäre zu platzraubend, sämtliche Zeichen der französischen Münzstätten abzudrucken, da sich deren Buchstaben ständig änderten. Im folgenden wenigstens eine Übersicht der bedeutendsten und konstantesten:

Geheimpunkt unter Buchstaben, beim ersten Buchstaben der Umschrift beginnend (seit Karl VIII.):

1 — Cremieu
2 — Romans
3 — Mirabel
4 — Montpellier
5 — Toulouse
6 — Tours
7 — Angers
8 — Poitiers
9 — La Rochelle
10 — Limoges
11 — Saint Pourçain
12 — Mâcon
13 — Dijon
14 — Troyes
15 — Rouen
16 — Tournai
17 — St. Quentin
18 — Paris
19 — Saint-Lo
20 — St. André de Villeneuve

Buchstaben der französischen Münzstätten seit Ludwig XIV.:

A — Paris
AA — Metz
AR — Arras
B — Rouen
K — Saint André les Avignon ab 1710 Orléans
S und Ampulle — Reims
T — Nantes

BB — Strassbourg (ab 1696)
C — Saint-Lô und Caen
JC — Besançon
E — Tours
F — Angers
G — Poitiers
H — La Rochelle
I — Limoges
K — Bordeaux
L — Bayonne
M — Toulouse
N — Montpellier
O — Clermont
P — Dijon
Q — Narbonne bis 1710, dann Perpignan

W — Lille
X — Amiens
Y — Bourges
Z — Grenoble
& — Aix-en-Provence
Kuh — Pau
Krone — Lille, ab 1685 LL

In der 1. Republik noch:
G — Genf
Im Konsulat: MA — Marseille
Im 1. Kaiserreich: R — Rom
U — Turin
Schiffsschnabel: Genua
Mast: Utrecht

In der neueren Zeit kann die Münzstätte auch außerhalb des die Münzen herausgebenden Landes liegen. So prägte die Pariser Münzstätte im 19. Jahrhundert für das zaristische Rußland (unter Nikolaus II.) und für Abessinien, eine private Münzanstalt in Birmingham für Kanada, gegenwärtig stellt die Londoner Münze riesige Mengen von Münzen für die ganze Welt, besonders für die neu entstandenen Staaten Afrikas, her, in Kremnitz wird für Griechenland und Albanien geprägt und Philadelphia versorgte die von den Invasionstruppen der USA in den Jahren 1944/45 besetzten europäischen Staaten mit zahlreichen Notprägungen.
Den Münzzeichen muß große Aufmerksamkeit gewidmet werden. Sie wirken sich entscheidend auf den Seltenheitswert und somit den Preis der Münze aus, da einige kleine Münzwerke von sonst normalen Emissionen nur eine ganz geringe Anzahl geprägt haben oder weil die Münzen nur sehr kurze Zeit im Umlauf waren. Ein Beispiel hierfür ist die Genfer Münzstätte unter Napoleon I., deren sämtliche Prägungen außerordentlich wertvoll sind.

Münzrecht

Die Herstellung von Münzen war schon von allem Anfang an Angelegenheit des Staates. Bereits bei den alten Griechen stand das Prägen den Königen bzw. den Städten zu, aber immer nur einem einzigen Münzherrn. Privatpersonen war das Münzen untersagt. Dieses Vorrecht wurde während der langen Römerherrschaft, da Rom alleiniger Münzherr war, immer strenger und strenger gehütet. Das erwies sich besonders nach den Wirren der Bürgerkriege als notwendig, als mehrere einflußreiche Einzelpersonen (besonders die Triumvirn in beiden Triumviraten) selbst Münzen prägten. Nach diesen Ausnahmen kehrte das Münzrecht wieder ausschließlich in die Hände des Staates zurück, in dessen Namen der Herrscher die Münzen herausgab. Unter Münzrecht versteht man also das Recht, Münzen herauszugeben, bzw. zu prägen, d. h. in Zeiten, da es noch kein Privatgeld gab, Zahlungsmittel im weitesten Sinn des Wortes in Umlauf zu setzen.
Nach den riesigen Umwälzungen, die der Zerfall des römischen Imperiums und die Völkerwanderung mit sich brachten, übernahm wiederum der Herrscher das Münzrecht, verlieh es jedoch in gewissen Fällen bedeutenden Einzelpersonen oder verpachtete es. Im frühen Mittelalter war das Verpachten des Münzrechtes allgemein üblich, die Pächter waren oft Goldschmiede, also Männer, die mit Edelmetallen umzugehen verstanden. Ein besonders gutes Beispiel hierfür ist der Schutzpatron der Goldschmiede (und somit eigentlich auch der Numismatiker), der hl. Eligius. Er war zur Zeit des Königs Dagobert in der französischen Stadt Limoges Goldschmied und soll der Chronik nach auch Münzmeister gewesen sein. Gegen Ende des 9. Jahrhunderts wurde er Bischof von Noion. — In der Regel aber wußten die Könige ihr unantastbares Münzrecht rigoros zu wahren. Sie unterbanden die räuberische Münz-

prägerei, die der Adel an vielen Orten betrieb, und wenn sie hie und da ein Auge zudrücken mußten, so hatte dies meist politische oder wirtschaftliche Gründe. Aus dem Gesagten geht hervor, daß die meisten Münzen sog. Regierungsmünzen sind, d. h. Münzen, die Jahrhunderte hindurch im Namen des Landesherrn herausgegeben wurden. Eine große Gruppe bilden außer den Regierungsmünzen auch Prägungen, die durch die Verleihung des Münzrechts an die hohe Geistlichkeit und ihre Machtbereiche, vor allem aber an die Städte, entstanden sind. In den meisten Fällen, besonders aber für die Verleihung des Münzrechtes an eine Stadt, behielt sich der Landesherr einen erheblichen Gesamtanteil am Gewinn vor.
Von den weltlichen Adelsherren hatten das größte Interesse an der Münzprägung diejenigen, auf deren Besitz in größerer Menge Edelmetall gewonnen wurde, denn die Verleihung des Münzrechtes sicherte ihnen riesige Einnahmen. Als ein klassisches Beispiel hierfür kann das Münzrecht der Grafen Schlick gelten, das allerdings nicht von all zu langer Dauer war. Der Herrscher nahm es bald wieder selbst in Anspruch, besonders nachdem er sich überzeugt hatte, wie ertragreich die Schlickschen Gruben im Erzgebirge eigentlich waren.

Tafeln (Fortsetzung von S. 38) ▶

Frankreich:

84 *Louis XI., 1461—1483, Couronelle*
85 *Henri III., 1574—1589, Franc, 1587, Poitiers*
86 *Louis XIII., 1610—1644, Louis d'or, 1640, Paris*
87 *Provence, Raymond VII., 1222—1249, Denar, o. J.*
88 *Louis XIV., 1643—1715, Halbécu „aux palmes", überprägte Münze, daher Jahreszahl unlesbar, Paris*
89 *Louis XVI., 1774—1793, Écu constitutionel, 1793, Paris*
90 *Revolution, Kupfer-5-Centimes, 4. Jahr—1795, Paris*
91 *Napoleon als Konsul, 1799—1804, 5 Franken, 1803, La Rochelle*
92 *Zweite Republik, Louis Napoleon als Präsident, 1850—1852, 5 Franken, 1852* (Fortsetzung S. 96)

84

85

87

86

86

88

LOUIS XVI ROI DES FRANÇOIS
1793
REGNE DE LA LOI · A
L'AN 5 DE LA LIBERTE
89

REPUBLIQUE FRANÇAISE
5
CENTIMES.
L'AN 4.
A
90

BONAPARTE PREMIER CONSUL
REPUBLIQUE FRANÇAISE
5
FRANCS.
AN 12.
91

LOUIS NAPOLEON BONAPARTE
REPUBLIQUE FRANÇAISE
5
FRANCS
1852
A
92

Wer das Münzrecht erhielt, wurde Münzherr genannt. Die Münzherren schlossen mit ihren Landesherren umfangreiche und interessante Vereinbarungen, was sie jedoch nicht daran hinderte, in der Münzherstellung ihre ergiebigste Einnahmequelle zu sehen und, wo es nur anging, an ihren Untertanen durch Verstöße gegen die Vorschriften, besonders hinsichtlich des Feingehaltes der Münzen, riesige Summen zu verdienen. Heutzutage werden in der ganzen Welt die Münzen nur vom Staat herausgegeben, er allein übt das Münzrecht aus und ist somit der einzige Münzherr im Lande.

Jahreszahlen auf Münzen

Lange Zeit hindurch trugen die Münzen überhaupt kein Datum. Eine solche Prägung kann, soweit sie sich nicht an ein Ereignis knüpft, dessen Datum aus anderen Quellen bekannt ist, nur schätzungsweise datiert werden. Erst bei den römischen Münzen läßt sich die Zeit ihrer Entstehung feststellen, aber auch nur auf Umwegen, da keine Jahreszahlen darauf angegeben sind.
Dafür finden wir aber auf ihnen nach dem Namen des Herrschers die Reihenfolge seines Konsulats oder anderer Titel. Aus der Geschichte Roms wissen wir, zu welcher Zeit ein Herrscher ein bestimmtes Konsulat angetreten hat, bzw. wann ihm vom Senat dieser oder jener Ehrentitel zugesprochen wurde. Daher können wir die betreffende Münze mit Sicherheit datieren. Als Beispiel die Umschrift: IMP CAES VESPASIAN AVG COS III. Die letzte Abkürzung bedeutet „drittes Konsulat", d. h. das Konsulat, das Vespasian im Jahre 71 n. Chr. antrat.
Die erste mit dem Datum ihrer Prägung versehene Münze ist ein arabischer Dirhem. Er trägt, in Worten geschrieben, die Jahreszahl 75 (nach der arabischen Zeit-

rechnung, der sogenannten Hedschra). Nach Umrechnung ergibt sich, daß die Münze aus dem Jahre 697 n. Chr. stammt. Die erste in römischen Ziffern angeführte Jahreszahl findet sich auf einer Silbermünze König Waldemars: MCCXXI — 1221; die ersten arabischen Ziffern trägt eine Schweizer Münze aus dem Jahr 1424. Die Datierung der meisten Münzen der europäischen und amerikanischen Zivilisation richtet sich nach der christlichen Zeitrechnung. Die arabische Welt rechnet die Zeit nach der Hedschra, die von der Flucht Mohammeds von Mekka nach Medina im Jahre 622 ausgeht. Da die Araber nach Mondjahren rechnen, ergibt sich noch ein weiterer Unterschied zwischen beiden Zeitrechnungen. Wie man eine arabische Jahreszahl am einfachsten in die europäische umrechnet? Bitte: Die betreffende arabische Jahreszahl wird mit der Zahl 0,97702 multipliziert und zu dem Resultat 621,5393 hinzugezählt. Wer nicht so pedantisch rechnen will und sich mit einem nur annähernd genauen Ergebnis begnügt, kann auch von jedem Jahrhundert der nach der Hedschra angegebenen Jahreszahl 3 abziehen und 622 hinzuzählen.
Chinesische, indische, burmesische und ähnliche Jahreszahlen umzurechnen, ist sehr schwierig, da wir es in diesen Fällen mit ungleich langen Zeitrechnungs-Perioden zu tun haben. Laien und auf diesem Gebiet weniger bewanderte Sammler sollten von den Angaben in den Katalogen ausgehen.
Manche Münzen, z. B. die päpstlichen und viele orientalische, geben das Regierungsjahr an. Da man bei der Bestimmung einer Münze selbstverständlich auch die Regierungszeit des sie herausgebenden Herrschers oder die Machtausübung eines anderen Münzherrn festzustellen hat, läßt sich eine solche Prägung leicht datieren. Aber halt! Hier wird häufig ein Fehler gemacht: Ist auf der Münze das 7. Regierungsjahr angegeben und der betreffende Herrscher hat z. B. 1650 die Regierung

angetreten, erhalten wir als Erscheinungsjahr der Münze 1656 und nicht 1657! Wer will, kann es sich an den Fingern abzählen — wenn es niemand sieht!
Bei den neueren Münzen fällt das Problem Jahreszahl weg, da ausschließlich unsere Zeitrechnung verwendet und in arabischen Ziffern ausgedrückt wird. In einigen seltenen Fällen befindet sich die Jahreszahl an der Kante der Münze, wie z. B. bei den ersten Crowns der Königin Viktoria.
Kleinmünzen werden von den Münzstätten jährlich herausgegeben. Nur selten kommt es vor, daß ein Jahr ausgelassen wird; das geschieht nur dann, wenn genügend Kleingeld im Umlauf ist. Diese Münzen sind einander gleich, nur die Jahreszahlen sind verschieden. Zusammenhängende Reihen von Jahresprägungen bilden ein beliebtes Sammelgebiet, das sich besonders bei neueren Münzen als sehr dankbar erweist. Oberflächlich betrachtet, könnte es scheinen, sämtliche Jahrgänge neuerer und neuer Münzen zu gewinnen, sei gar nicht so schwer. Aber in Wirklichkeit kostet es viel Mühe, und man wird oft auch die eine oder andere Münze kaufen müssen.
Jahrgänge, die in geringerer Menge geprägt wurden, sind, wie wir bereits an anderer Stelle betont haben, recht teuer. Daher wird es sich für den Sammler von Jahrgängen lohnen, jahraus jahrein die Neuerschei-

Vatikan, Pius XI., 1922–1939, 10 Lire aus dem Jahre IX – 1930

nungen zu verfolgen und sofort nach dem Erscheinen mehrere Stücke zu erwerben. Ein paar Jahre später sind dann Dubletten vollständiger Jahrgänge ein hochwillkommenes Tausch- und Verkaufsmaterial. Die Reihe mancher Jahrgänge ist sehr lang, und hinterher alle Stücke aufzutreiben, ist meist schwierig, ganz abgesehen davon, daß man dann auch tiefer in die Tasche langen muß. Im folgenden einige Beispiele langer Serien bestimmter Münzen:

England, viktorianischer Penny, drei Typen, 1839 bis 1901; seltene Jahrgänge: 1843, 1845, 1849, 1860, 1864, 1869, 1871

England, viktorianischer Halbpenny, drei Typen, 1841 bis 1901; seltene Jahrgänge: 1845, 1864, 1867, 1869, 1871, 1872, 1873, 1878, 1881

USA, Dime (Zehn-Cent), Typ Mercury, 1916–1946; seltene Jahrgänge: 1916 D (D = Münzanstalt Denver), 1921, 1921 D, 1925 D, 1926 S (S = San Francisco), 1931 D, 1931 S

USA, Cent mit Indianerkopf, 1859–1909; seltene Jahrgänge: 1861, 1869, 1870, 1871, 1872, 1877, 1908 S, 1909 S

Deutschland, 10-Pfennig, 1890–1916; seltene Jahrgänge: 1894 E und 1896 G

Deutschland, 5-Pfennig, 1890–1915; seltene Jahrgänge: 1892 J, 1896 G

Deutschland, 1-Pfennig, 1890–1916; seltene Jahrgänge: 1891 E, G, J, 1897 A, D, E, F, G und J, 1902 G und J, 1903 G

Der Reiz der Jagd nach Jahrgängen liegt darin, daß man in einem Haufen fast wertloser Münzen oft ganz unerwartet einen seltenen Jahrgang entdeckt, der alle vorangegangene Mühe reichlich lohnt. Für solche Fälle empfiehlt es sich, ein kleines Verzeichnis der Jahrgänge mit der Angabe ihres Schätzungswertes bei sich zu tragen.

Schrift

Die Legenden auf den Münzen werden Umschriften genannt, weil sie die Münze kreisförmig umschreiben. Die meisten laufen in der Richtung des Uhrzeigers. Bei älteren Münzen beginnt die Umschrift fast immer oben in der Mitte, d. i. an der Stelle, wo die Uhr zwölf zeigt. Anfang und Ende der Umschrift sind häufig durch ein Kreuzchen voneinander getrennt. Manchmal finden sich zwischen den einzelnen Wörtern Zierzeichen (Rosetten, Punkte, Kreuzchen oder Doppelpunkte). Auf allen neueren Münzen beginnen die Umschriften etwa in der Lage des Uhrzeigers auf der Sieben oder Acht. Die Umschrift gehört zu den wichtigsten Komponenten der Münze und spielt bei deren Bestimmung eine entscheidende Rolle. Außer der Umschrift trägt die Münze manchmal auch noch einen Text auf dem inneren Teil ihrer Fläche, die der Fachmann Münzfeld nennt.

Abkürzungen

Ein wunder Punkt der Umschriften sind die zahlreichen Abkürzungen. Bereits im Altertum im Gebrauch, wurden sie in der Barockzeit sozusagen zur Epidemie, denn selbst der kleinste Münzherr wollte seine endlosen Titel und Würden in der Münzschrift unterbringen, was sich nur bei strikter Beschränkung auf die Anfangsbuchstaben durchführen ließ. Der Durchschnittssammler braucht sich natürlich nicht mit der Entzifferung einer ganzen derart abgekürzten Umschrift zu plagen. Es genügt der Titel des Herrschers auf der Vorder- und die Wertangabe auf der Rückseite, also Daten, die sich auf gleichartigen Münzen wiederholen. Wie bereits erwähnt, sind die Abkürzungen auf den römischen Münzen für deren Datierung wichtig. Sie betreffen vor allem die offiziellen Titel, die dem Kaiser vom Senat verliehen wurden. Es folgen einige solche Abkürzungen:

CAES — *Caesar* — ursprünglich Personenname des Gajus Julius Cäsar, dann Titel aller römischen Kaiser. Über die griechische Form kaisar entwickelte sich der Titel Kaiser

AVG — *Augustus*, Personenname des ersten römischen Kaisers, nach ihm ebenfalls Titel der Kaiser

IMP — *imperator*

PP — *Pater patriae* — Vater des Vaterlandes

PF — *pater familiae*, Familienvater, auf späteren Münzen *pius felix* — Frommer Glücklicher

COS — *Konsul*

TRP — *tribunitiae potestas* — Amtsgewalt des Tribuns

CEN — *censor*

P — *pius* — fromm

FEL — *felix* — glücklich

DN — *Dominus noster* — unser Herr — auf Münzen seit dem 4. Jahrhundert n. Chr.

Auf byzantinischen Münzen findet sich in der Nähe des Christusbildes oft die Abkürzung DN X (Dominus noster Christus). Übrigens hat sich die Abkürzung X im Englischen bis heute für die Abkürzung des Wortes Weihnachten, Christmas, erhalten, das auch X-mas geschrieben wird.

Die Abkürzung CAES zur Bezeichnung des Kaisertitels reicht bis tief in die Neuzeit, praktisch bis zum Jahre 1918. Abkürzungen für „König“ kommen selten vor, meist wurde der Titel in seinem vollständigen Wortlaut geschrieben (REX). In der christlichen Zeit folgte dem Namen des Königs immer die Abkürzung DG (dei gratia — von Gottes Gnaden), z. B.:

FRID. AVGVST. D. G. REX SAXONIAE —
Friedrich August von Gottes Gnaden König von Sachsen

Andere übliche Titulaturen sind:

DUX — *Herzog*, Fürst, manchmal nur D

ARCHID — *archidux*, Erzherzog, sehr häufige Abkürzung auf österreichischen Münzen
CO oder COM — *comes* — Graf
PR oder PRIN — *princeps* — Prinz (Fürst)

Auf Städtemünzen findet sich gewöhnlich vor dem Namen der Stadt die Abkürzung MON ARG CIV (Moneta argentea civitatis), z. B. MON ARG CIV ULMENSIS (Silbermünze der Stadt Ulm). Anstatt CIV kann die Münze auch die Abkürzung R. P. (rei publicae) aufweisen, was Stadtrepublik bedeutet, als die sich viele Städte bezeichnen durften. Die Umschrift einer Münze kann bei einer Neuausgabe auch durch die Abkürzung MON NOV (moneta nova), d. i. neue Münze, erweitert sein.

Abkürzungen unterliegen auch die Namen der Herrscher (FRID für Fridericus, FER für Ferdinandus, GEO für Georgius). Zahllos sind die Abkürzungen für Ländernamen. Wer Münzen der deutschen Staaten sammelt, sollte sich eine Übersicht der lateinischen Bezeichnungen aller in Betracht kommenden Länder und Städte sowie deren Abkürzungen anfertigen. Beispiele:

SAX	— *Saxonia*	— Sachsen
BOR	— *Borussia*	— Preußen
BAV	— *Bavaria*	— Bayern
SIL	— *Silesia*	— Schlesien
THUR	— *Thuringia*	— Thüringen
AUST	— *Austria*	— Österreich
BOH	— *Bohemia*	— Böhmen
HUNG	— *Hungaria*	— Ungarn

Fremde Münzen:

FR	— *Francia*	— Frankreich
NAV	— *Navaria*	— Navarra
HISP	— *Hispania*	— Spanien
HIB	— *Hibernia*	— Irland
HEL	— *Helvetia*	— Schweiz
POL	— *Polonia*	— Polen
DAN	— *Dania*	— Dänemark

HOL — *Hollandia* — Niederlande

Die häufigsten Abkürzungen von Münzen geistlicher Herren sind:

CAR — *cardinalis* — Kardinal
EP — *episcopus* — Bischof
ECC — *ecclesia* — Kirche
Die — *Diözese*
Mona — *monasterium* — Kloster

Selbstverständlich sind auch die einzelnen Währungseinheiten abgekürzt angegeben. Es gibt ihrer unendlich viele, so daß hier nur einige Beispiele genannt werden können:

kr — Kreuzer
f, fl — Gulden, Forint
h — Heller
K, cor — Krone
ct, cent — gewöhnl. Bez. 1/100
sh — Schilling
d — Penny
zl — Zloty
fr — Frank
frs — Schweizer Frank
esc — Escudo
rp — Rappen
cr — Cruziero
R — Rupie
£ — Pfund
pta — Peseta

Nun — die Münzschriften mit ihren Absonderlichkeiten und Abkürzungen geben Rätsel auf, die zu lösen einen Sammler jederzeit reizen wird. Wenn nicht, dann wird er sich dieser Aufgabe trotzdem nicht entziehen können, denn „stumme" Münzen, d. h. Münzen ohne Aufschrift, wie z. B. die Brakteaten, sind seltene Ausnahmen. Aber deswegen sollte niemand die Sammellust verlieren. Es genügt ein wenig Übung, und außerdem muß ja eine Umschrift, wie bereits gesagt, nicht restlos entziffert werden. Der Anfänger wird bald dahinterkommen, daß er mit der Kenntnis einiger weniger Begriffe ganz gut auskommt. Auch sind als Reprint zwei Publikationen erschienen, die als Hilfsmittel von großem Nutzen sind: „Wilhelm von Rentzmann: „*Numismatisches Legenden-Lexikon des Mittelalters und der Neuzeit*", Düsseldorf, 1965; derselbe: „*Numismatisches Wappen-Lexikon*", ebendort.

Kontramarken (Gegenstempel)

Die meisten Münzen der Vergangenheit galten nicht nur in ihren eigenen Staaten, sondern praktisch in ganz Europa und oft sogar auch in anderen Erdteilen. Währungsunterschiede spielten keine Rolle, entscheidend war die Güte einer Münze. Wechsler und Goldschmiede prüften den Feingehalt oder das Korn der Münzen, die Obrigkeit genehmigte entweder fremde Zahlungsmittel oder wies sie zurück. Zum Schutz vor der Verbreitung minderwertigen Metallgeldes, oft auch einheimischer Herkunft, wurden einwandfreie Münzen mit gepunzten Zeichen versehen, wodurch ihre Gültigkeit amtlich bestätigt war.
Diese Zeichen, Kontramarken oder Gegenstempel genannt, lassen sich in zwei Gruppen teilen:
1. Kontramarken, die die Güte der Münze bestätigten und sie damit für den Umlauf freigaben. Ein vorzügliches Beispiel für Deutschland sind die Prager Groschen mit den Kontramarken deutscher Städte. Wir kennen über achtzig verschiedene Arten dieser Kontramarken, die beweisen, wie beliebt die guten Prager Silbergroschen in den deutschen Ländern des 15. Jahrhunderts waren. Ein anderes Beispiel sind die spanischen achtfachen Reales Carlos' IV. vom Ende des 18. Jahrhunderts. Als Kontramarke wurde das Kopfbild des englischen Königs Georg III. verwendet, und zwar wurden Münzen in England im Werte von 4 Schilling und 9 Pennys zugelassen. Im Volksmund ging über das Bild das Schlag-

Kontramarken auf Prager Groschen: 1. Göttingen, 2. Hall, 3. Soest, 4. Erfurt, 5. Augsburg

wort um, daß man „auf den Hals eines Esels den Kopf eines Dummkopfes“ gesetzt hätte. Der geistesgestörte Georg III. ist nicht vergessen – die Numismatik hat ihm ein Denkmal gesetzt.

2. Kontramarken, die den Wert der Münze herabsetzen (devalvieren) oder erhöhen (revalvieren). In diesem Fall sind die Kontramarken vor allem durch Ziffern ausgedrückt. Man bediente sich ihrer, besonders im 19. Jahrhundert, bei den häufigen Finanzschwierigkeiten der mittel- und südamerikanischen Staaten (Mexiko, Brasilien u. a.).

Bei Revolutionen ließen Kontramarken bisweilen auch Regierungsmünzen für den Umlauf zu, wie z. B. die Kontramarken auf den ungarischen Kupfermünzen während des Rákoczy-Aufstandes. Auch kennen wir Kontramarken englischer und holländischer Kolonien, die mit einem Krönchen oder einem Buchstaben Kleinmünzen anderer Staaten oder bisweilen auch zerstückelte spanische Münzen zeichneten und die für den Umlauf in der betreffenden Kolonie bestimmt waren (Britisch-Guyana, Grenada, Jamaika, von den holländischen Curaçao und Holländisch-Indien).

Die Kontramarke erhöht den Sammelwert einer Münze; der Unterschied zwischen einem gewöhnlichen Prager Groschen und einem kontramarkierten beträgt 1 : 10, bei selteneren Kontramarken sogar 1 : 20.

Vorder- und Rückseite (Avers und Revers)

Nicht jede Münze läßt auf den ersten Blick erkennen, was Avers und was Revers ist. Für den Numismatiker gilt als Avers diejenige Seite, auf der sich die Bezeichnung des die Münze herausgebenden Staates befindet. Bei Porträtmünzen ist die Vorderseite immer die Seite mit dem Porträt. Nach der Regel zu urteilen, die sagt, daß der Wert der Münze auf der Rückseite angegeben

Großbritanien, Georg VI., 1936—1952, mit englischem und schottischem Revers

zu sein pflegt, wäre verfehlt, denn in vielen Fällen ist es umgekehrt. In der internationalen Numismatik wird die Vorderseite als Avers (abgekürzt A) und die Rückseite als Revers (R) bezeichnet.

Kante

Vom Rändeln der Kanten wird noch in dem Kapitel über Münzfälschung (s. S. 140) gesprochen. Von einer Kante läßt sich historisch erst von der Zeit an sprechen, da die Münzen dicker geprägt wurden. Außer dem Rändeln entwickelten sich später an der Kante auch Aufschriften, erhöht oder vertieft, was freilich erst bei sehr fortgeschrittener Münztechnik möglich war, d. h. nach Einführung der Spindelpresse. Diese Aufschriften drücken allgemein gültige Losungen oder Staatsdevisen aus. Bei den deutschen Kaisermünzen war es „Gott mit uns", bei den bayerischen Barockmünzen „Domino confido" (Ich vertraue auf Gott), bei den Münzen der sächsischen Könige „Gott segne Sachsen". Die Münzen der Bundesrepublik Deutschland (ab 2 DM) tragen die Devise „Einigkeit und Recht und Freiheit".
Auf der Kante der alten französischen Écus lesen wir „Domine fac salvum regem", auf den ersten französischen Revolutionsmünzen, die noch während der Regierung des Königs geprägt wurden, steht „La nation — la loi et le roi", auf den französischen Fünf-Frankstücken

des 19. Jahrhunderts steht „Dieu protége la France"; die französischen Münzen der Gegenwart kehren zu der revolutionären Losung „Liberté — égalité — fraternité" zurück.
Die Kanten der alten österreichischen Taler tragen die Aufschrift „Clementia et justitia", später „Lege et fide" und im 19. Jahrhundert die Losung Österreich-Ungarns „Viribus unitis", manchmal auch die Wertangabe „Zwei Gulden — Két forint".
Die holländischen Münzen drücken, ähnlich wie die deutschen, auf ihren Kanten die fromme Bitte „God zij met ons" aus, die Schweizer kehren zu dem alten „Dominus providebit" zurück.
Es ist beim Einkauf von Münzen auch darauf zu achten, daß die Schrift auf den Kanten noch lesbar ist. An der Kante kann man unter der Lupe oft auch Stellen entdecken, wo ein Henkel abgeschliffen oder wo gelötet wurde.

Münzgewichte

Sie bilden eine Gruppe für sich und existieren wohl in sämtlichen Staaten, aber ausschließlich für Goldnominalwerte, ausnahmsweise auch für Taler und deren Teilwerte. Gemeinsam mit der Münzwaage, die früher jeder gute Goldschmied besaß, bestimmten sie das genaue Gewicht der Münze. Eine äußerst wichtige Funktion, da besonders bei Gold ein geringer Gewichtsunterschied eine große Rolle spielte. Oft tragen die Münzgewichte die Benennung oder wenigstens die Abkürzung des Nennwertes der Münze, wie z. B. „Ducaten-Gewicht", evtl. die Bezeichnung der Gewichtseinheit, außerdem manchmal auch noch die Hoheitszeichen der Städte oder Staaten. Die meisten Münzgewichte sind aus Messing, seltener aus Bronze oder Kupfer. Nürnberg und Frankfurt besaßen früher besonders schöne Gewichte.

Kanten: *1. England, Victoria, 1837—1901, gothic crown*
2. Österreich, Maria Theresia, Levante-Taler, 1780
3. Preußen, Gedenk-5-Mark an die 200jährige Regierung der Hohenzollern

Nürnberg,
Dukaten-Gewichte, 18. Jh.

Eine gute Sammlung kann selbstverständlich auch Münzgewichte enthalten, die entweder eine eigene Sammelgruppe bilden oder den Münzen, deren Gewicht sie bestimmen, zugeordnet werden.

KLEINES LEXIKON DER GRUNDBEGRIFFE

As — älteste römische Kupfermünze (= 12 Unzen); frühere deutsche Münze und Handelsgewicht.
Billon ist die Legierung einer geringen Silbermenge mit minderwertigen Metallen. Billonmünzen sind meist Kleinmünzen des 19. Jahrhunderts. Es gab sie jedoch auch schon in der Antike. Heutzutage wird Billon nicht mehr verwendet.
Brakteat — sehr dünne Münze aus Silberblech (lateinisch bractea). Sie wurden im Hochmittelalter in den mittleren Teilen Europas geprägt. Da die Brakteaten sehr zerbrechlich waren, verschwanden sie allmählich aus dem Umlauf.
Cent — das Hundertstel einer Münzeinheit, aus dem lateinischen centum (hundert). In vielen Formen erscheinend: Centime, Centesimo, Centimo, santim, senti.
Colon — Goldmünze Costa Ricas mit dem Bildnis des Christoph Kolumbus (spanisch Cristobal Colón).
Denar — im Werte von 10 As. Nach dem Fall des römischen Imperiums verbreitete sich der Name in ganz Europa und wurde dann überall für die Bezeichnung von Silber-Kleinmünzen gebraucht. Im Frühmittel-

alter einziges Zahlungsmittel Europas. Die letzten Denare waren aus Kupfer.

Denier — der französische Ausdruck für Denar. Ähnliche Münze in Frankreich, ursprünglich aus Silber, später nur aus Kupfer. Schon seit Heinrich III. nur noch niedrigste Währungseinheit.

Dukaten — bekannteste venezianische Münze von dauerndem Wert und reinem Korn. Der Name stammt von der Münzschrift auf der Rückseite, bzw. von deren letztem Wort: Sit tibi Christe datus quem tu regis iste ducatus (Führe du, Christus, die Herrschaft über dieses Reich).

Écu — französischer, bis 1793 geprägter Taler, nach dem Wort Schild, französisch écu, benannt (aus lateinisch scutum, davon italienisch scudo, ebenfalls Talermünze, und portugiesisch escudo).

Elektron — (meist natürlich vorkommend) ist eine Legierung von Gold und Silber im Verhältnis von etwa 3 : 1. Aus Elektron sind einige griechische Münzen geprägt.

Feinheit — s. Güte

Florén — Goldmünze der Stadt Florenz mit einem „redenden" Zeichen, der Lilie, geprägt ab 1252. Italienisch fiorino, französisch florin. Dieser Ausdruck hielt sich für größere Silbermünzen lange in Österreich und Großbritannien, wo noch heute Zweischillingstücke so genannt werden. Jetzt noch Währungseinheit in Ungarn (Forint).

Geldeinheit ist die Grundlage der Währung und an eine bestimmte Menge von Edelmetall in einem festen und unveranderlichen Kurs gebunden. Ihre kleineren Werte sind Teile, die größeren Vielfache der Einheit.

Groschen — aus dem französischen gros — stark, dick. Bereits im 13. Jahrhundert in der französischen Stadt Tours von Ludwig XI. geprägt. Die Bezeichnung „gros tournois" diente zur Unterscheidung von den leichten und dünnen Brakteaten und Denaren. Der Name Groschen verbreitete sich erst durch die Prager Groschen Wenzels II. mit der Umschrift „grossus pragensis" und später durch die das Prager Vorbild nachahmenden Meißener Groschen (grossus misnensis). Zur Zeit der Taler trug diesen Namen eine kleine 3-Kreuzer-Silbermünze, die sich bis ans Ende der Konventionswährung (1857) hielt.

Güte oder Feinheit ist das Verhältnis von Korn und Münzmetall oder mit anderen Worten das Verhältnis des in der Münze enthaltenen Edelmetalls zu ihrem Gesamtgewicht. Es wird in Tausendsteln berechnet, die Güte der neueren Dukaten bewegt sich um 985/1000. Früher wurde die Feinheit in Karaten ausgedrückt. Feingold ist 24karätig, woraus folgt, daß z. B. 18karätiges Gold aus 18 Teilen Feingold und 6 Teilen Zusatzmetall besteht. Die Feinheit des Silbers wurde nach Loten bestimmt. Feinsilber hatte 16 Lot, demnach ist 8lotiges Silber 500/1000 fein.

Handelsmünzen sind kein gesetzliches Zahlungsmittel, sie sind aus Edelmetall und für den Außenhandel bestimmt. Handelsmünzen sind die heutigen englischen Sovereigns, die sowjetischen Tscherwonzen und einige heutige Dukaten.

Heller — seit 1228 in der Stadt Hall in Württemberg geprägte Kleinmünze. Ursprüngliche Bezeichnung Haller Pfennig, später Heller. Anfangs war auf der einen Seite eine Hand abgebildet (Händleinheller).

Innenwert der Münze ist der Wert des in ihr enthaltenen Edelmetalls.

Kaisertaler — lange Zeit verwendeter Ausdruck für einheitliche Talerprägungen der römisch-deutschen und österreichischen Herrscher mit stereotypem Münzbild: Auf der Voderseite der Kaiser mit Zepter und Reichsapfel, auf der Rückseite Adler oder Doppeladler.

Keltische Münzen — geprägte und gegossene Nachahmungen vor allem griechischer Münzen. Sie wurden von verschiedenen keltischen Stämmen im Gebiet von der Donau bis zur Iberischen Halbinsel hergestellt.

Kleinmünzen (Scheidemünzen) sind Münzen, die nach dem Gesetz einen höheren Wert haben, als der in ihnen enthaltene Metallwert beträgt. Ihre Anfänge reichen bis zu den ersten Kupfermünzen zurück, der Höhepunkt ihres Umlaufs fällt in die Mitte des 19. Jahrhunderts. Kleinmünzen sind die meisten Münzen der Gegenwart.

Korn ist das Gewicht des in der Münze enthaltenen Feinmetalls.

Kreuzer — seit dem 13. Jahrhundert in Tirol geprägte Kleinmünze mit einem Kreuz auf dem Revers. Nach dem Prägeort anfangs auch Etschkreuzer genannt. Zuerst aus minderwertigem Silber, später aus Kupfer. Sein Wert schwankte je nach der Zeit und dem Land, in dem er herausgegeben wurde.

Kreuztaler — österreichischer Taler seit 1755, auf der Rückseite zwischen gekreuzten Zeptern drei Kronen (daher auch Kronentaler genannt).

Kurantmünzen sind vollwertige Münzen, bei denen der Wert des in ihnen enthaltenen Edelmetalls genau dem auf der Münze angegebenen Nominalwert entspricht. Heute gibt es in der ganzen Welt nur sehr wenige solche Münzen.

Kurswert ist der durch Angebot und Nachfrage bestimmte Handelswert der Münze. Stimmt der Kurswert mit dem Nennwert überein, ist der Kurs „al pari", bei höherem Nennwert „über pari" und bei niedrigem „unter pari". Der Unterschied zwischen höherer Kurs- und Nominaleinheit heißt Agio, die Differenz zwischen niedrigerer Kurs- und Nominaleinheit Disagio.

Mariatheresientaler — bis heute geprägte Kreuztaler Maria Theresias aus der Wiener Münze des Jahrgangs 1780 mit dem Münzzeichen S. F. (Schneider-Faby). Sie waren ein wichtiges Zahlungsmittel in Arabien und Abessinien, vor allem aber in der Levante, weshalb man sie auch Levantetaler nannte. Für Österreich waren sie eine wichtige Handelsmünze im internationalen Geldumlauf.

Mark war eine spätere Gewichtseinheit als Pfund. Ihr Gewicht war veränderlich, es unterlag verschiedenen Abmachungen. Es folgt das Gewicht der wichtigsten Markeinheiten:

Antwerpener	245 g	Prager	253 g
Augsburger	235 g	Rheinisch-Kölner	233 g
Erfurter	234 g	Salzburger	256 g
Frankfurter	229 g	Tiroler	254 g
Görlitzer	220 g	Ungarische	245 g
Grazer	249 g	Venediger	238 g
Kölner	233,8 g	Wiener	280 g
Münchener	225 g		

Viele alte Taler tragen auf dem Revers die Bezeichnung „XX eine feine Mark", d. h. daß zwanzig Stück dieser Taler dem Gewicht einer Mark Silber entsprechen.

Mohur – indische Goldmünze. Der Name stammt aus dem verstümmelten Ausdruck für Herrscher (mogul, richtig Mughal – Mongole).

Münznamen – Um Mißverständnisse im Zahlungsverkehr zu vermeiden, mußte man die verschiedenen Münzarten auch durch entsprechende Benennungen voneinander unterscheiden.

Meist geschah dies nach dem auf den einzelnen Stücken angegebenen Nennwert, z. B. Vierer, Dreier, Centesimo, Denarius. Nach ihrem Münzmetall sind benannt: Aureus, Albus = Weißpfennig; nach der Größe: Grossus, Piccolo; nach dem Münzbild: Georgstaler, Angel, Bigatus (republikanische Münze Roms mit dem Zweigespann auf der Rückseite). Auch Münzherr oder Münzort waren für die Namengebung bestimmend: Dareikos (Goldmünze nach dem Perserkönig Dareios), Napoleon d'or oder Tournois nach der Stadt Tour, ähnlich auch Bolognino.

Münzzahl ist die Anzahl von Münzen, die aus einer Einheit des Münzmetalls geprägt werden darf. Wiegt ein Dukaten 3,4908 g und beträgt die Einheit des Münzmetalls 1 kg, ergibt sich die Münzzahl 1000 : 3,4908 =

= 286,459, d. h. aus einem Kilo Gold werden 286 1/2 Dukaten geprägt.

Nennwert (Nominalwert) ist die gesetzlich festgesetzte Kaufkraft der Münze, auf der er stets angegeben ist. Der tatsächliche Metallwert der Münze beträgt nur einen Bruchteil ihres Nominalwertes.

Numismatik – Wissenschaft von den Zahlungsmitteln, vor allem den Münzen (vom griechischen nomisma – Münze). Im weitesten Sinne bezeichnet man als Numismatiker nicht nur den Wissenschaftler, der sich mit der Geschichte der Münzen befaßt, sondern auch den Sammler von Münzen.

Ort – Im Altdeutschen Bezeichnung für Viertel, daher auch 1/4 eines größeren Nennwertes, jedoch bald durch Vierteltaler ersetzt. In Deutschland und Polen gangbar.

Penny – Grundeinheit der britischen Währung und eine der ältesten in Europa überhaupt. Ursprünglich aus Silber, später aus Bronze und Kupfer. Bis 1971 hatte ein Pfund 20 Schilling zu je 12 Pennys, danach nur 100 Pennys. Der Penny geht auf den Denar zurück.

Petermännchen – Silber-Kleinmünze zu vier Pfennigen in Trier, benannt nach dem Ganzbild des hl. Petrus, das auf der Münze winzig klein erscheint.

Pfennig – aus dem altdeutschen „Phant" (heute Pfand). Ursprünglicher Wert 1/12 Albus.

Pfund (etwa 408 g) war die ursprüngliche deutsche Gewichtseinheit im 8. Jahrhundert. Später wurde es zu einer Rechnungseinheit und bedeutete 240 Stück.

Real – entstanden durch Verstümmelung des Wortes regalis – königlich. Spanischen Ursprungs. Er enthielt 24 Kupfer-Maravedi oder 100 Centimos. Der achtfache Real ist eine große Silbermünze. Sie stammt aus Mexiko und Peru, deren Silberschätze, an Ort und Stelle grob vermünzt, in dieser Form ins Mutterland gebracht wurden. Als „Piratenmünze" sehr begehrt.

Rheingulden – später nur Gulden, Abkürzung fl, seit 1386 einheitlich geprägte Goldmünze des Bundes der rheinischen Kurfürsten, im 16. Jahrhundert Währungs- und Rechnungseinheit zu 60 Kreuzern, in Österreich seit 1857 zu 100 Kreuzern. Im 19. Jahrhundert eine der häufigsten Bezeichnungen von Münzen und deren Nominalen.

Scheidemünzen — s. Kleinmünzen

Schekel — altgriechisches Maß, später Bezeichnung einer guten Silbermünze. Lateinisch siclos, griechisch siglos, daraus deutsch Siegel. Im 18. und 19. Jahrhundert Gedenkmedaille vom Grab Christi und deren Nachahmungen in Europa.

Schilling — wohl von dem Wort „schallen" abgeleitet, da diese hochwertigen Silberprägungen einen guten Klang gaben. Lange Zeit hindurch geltende Silbermünze in Hamburg und Lübeck.

Schrot ist das Rauhgewicht der Münze, d. h. das Gewicht des Feinmetalls, einschließlich der ihm beigesetzten anderen Metalle.

Schustertaler — Spottname für den großen Kupfer-Dreißig-Kreuzer Franz II. aus der Zeit des Verfalls der österreichischen Währung in den napoleonischen Kriegen.

Solidus — spätrömische und byzantinische Goldmünze aus gutem Korn. Von ihr stammt u. a. die spätere Benennung des Sou (5 Centime) und des italienischen Soldo. Ironischerweise heißen Solidi auch die winzigen Kupfermünzchen aus der Zeit des Verfalls Polens unter König Jan Kazimir (1648—1668).

Speziestaler — große Taler aus gutem Silber, nach allen Regeln der Kunst geprägt, so daß ihr Name eigentlich Mustertaler bedeutet.

Taler — benannt nach den ersten groben und großen Münzen aus gutem Silber, die seit 1520 Graf Heinrich Schlick in Joachimsthal prägte. Ursprüngliche Bezeichnung Joachimsthaler, dann nur noch Thaler. Das Wort lebt bis heute auch in dem Namen Dollar fort.

Valvation — amtliche Preisfestsetzung umlaufender

ausländischer Münzen in dem geltenden Landesmünzfuß.
Währung ist die Gesamtheit der gesetzlichen Zahlungsmittel eines bestimmten Staates, die von allen Bürgern entgegengenommen werden müssen.
Währungsparität ist der Vergleichswert der Währungen zweier Länder. Er unterliegt Börsen- und ökonomischen Schwankungen (Tageskurs). Zum Beispiel: 1 englisches Pfund = 2,40 amerikanische Dollars.

ERHALTUNGSGRAD UND SONDERFORMEN DER MÜNZE

Der Seltenheitswert der Münze und damit auch ihr Preis wird von mehreren Faktoren bestimmt. Eine bedeutende Rolle spielt die Auflage der Emission, d. h. die Stückzahl der Prägungen, ferner die Frage, ob eine Münze schwer oder leicht zu gewinnen ist (Münzen des eigenen Landes sind selbstverständlich erreichbarer als Prägungen ferner Kolonien), aber auch das Äußere der Münze hinsichtlich ihrer Erhaltung. Während der oft langen, nach ihrem Erscheinen verflossenen Zeit litten die Münzen vor allem durch ihren Umlauf, manchmal auch durch Witterungseinflüsse oder unzweckmäßige Aufbewahrung. Fundstücke können durch Bodensäuren angegriffen sein, es finden sich auch Zahnabdrücke — da hat vor langen Jahren einmal einer die Feinheit des Metalls prüfen wollen —, oder die Münze wurde in betrügerischer Absicht verkleinert, was natürlich überwiegend Goldprägungen betraf.
Es ist daher klar, daß ein großer Wert auf den Erhaltungsgrad gelegt wird. So kommt es vor, daß eine ganz gewöhnliche Münze der neueren Zeit, wenn sie in einem gerade noch annehmbaren Zustand ist, sagen wir eine Mark kostet, dieselbe Münze jedoch tadellos erhalten

das Hundertfache! Zur Unterscheidung und Abstufung des Erhaltungsgrades wurde eine für die ganze Welt verbindliche Stufenleiter geschaffen, die vor allem bei Verkauf oder Tausch zu Rate gezogen wird, aber auch in einem selbstangelegten Katalog des Sammlers ausgezeichnete Dienste leistet:

I Polierte Platte — englisch *proof:* Eine auf speziell zugerichteten Stempeln geprägte Münze mit Spiegelfläche. Diese Münzen sind nicht für den Umlauf, sondern ausschließlich für Sammler bestimmt. Besonders in den letzten Jahren gewann diese erst im 20. Jahrhundert eingeführte Technik an Boden. Münzen mit polierter Platte werden mit Rücksicht auf das anspruchsvollere Prägen aus geglätteten Stempeln, deren Glätte stets erneuert werden muß, direkt von der Münzanstalt verkauft und natürlich zu höheren Preisen als die entsprechenden gewöhnlichen Stücke. Der englische Ausdruck „proof" (Probe) ist nicht ganz äquivalent. Er stammt aus Zeiten, wo so großen Aufwand erfordernde Münzen nur in sehr geringer Zahl, besonders als Ehrengaben für hochgestellte Personen, geprägt wurden. Heutzutage gibt man Münzen mit polierter Platte oft schon in Emissionen zu mehreren tausend Stück heraus. Sie stellen ein gefragtes Investitionsobjekt dar und kommen ausschließlich für Sammler moderner Münzen in Betracht.

II Prägefrisch — *f. d. c.* — *uncirculated*: Schon das Wort selbst drückt den Zustand der Münze aus. Es handelt sich um Prägungen, die direkt aus der Münzanstalt kommen. Die französische Abkürzung f. d. c. (*fleur de coin*) bedeutet „Blüte der Münze". Es sind Münzen, die nie in Umlauf gekommen sind und deren Äußeres daher vollkommen intakt ist. Von den Münzen der Gegenwart gehören in diese Kategorie auch Münzen mit geringfügigen Kratzern; die moderne Prägemaschine zählt die Münzen automatisch in Säcke ab, wobei die einzelnen Stücke durch gegenseitige Berührung manchmal leicht lädiert werden. Im großen und ganzen bezeichnet dieser Grad jedoch eine in jeder Hinsicht tadellose Münze ohne die geringsten Umlaufspuren, scharf geprägt und gut zentriert. Bei alten Münzen entspricht diesem Zustand ein ungewöhnlich hoher Preis, denn so gut erhaltene alte Prägungen sind sehr selten. Neue Münzen in solch einwandfreiem Zustand bringen die Münzstätten direkt in den Handel, und zwar überwiegend in kompletten Serien einer Emission und in Schutzhüllen aus Plastik. Sie sind in großen Münzstätten, in Banken und auch bei Münzhändlern erhältlich.

III Vorzüglich — *extremely fine*: Bezeichnet immer noch den ausgezeichneten Zustand einer Münze, toleriert werden können kaum merkliche Spuren von Abgegriffenheit, die meist nur mit der Lupe sichtbar sind. Münzen in diesem Zustand, besonders ältere, sind die Zierde einer Sammlung und daher sehr teuer, vor allem wenn sie aus der Antike oder dem Mittelalter stammen. Um als „vorzüglich" gewertet zu werden, müssen die Stücke auch feine Details erkennen lassen und unversehrt sein. Dieser Erhaltungsrad erzielt auch bei sonst gewöhnlichen Münzen hohe Preise.

IV Sehr schön — *very fine*: Münzen mit bereits merklichen Spuren der Abnutzung. Sonst noch sehr befriedigend. Einzelheiten ziemlich gut erkennbar, Schrift einwandfrei leserlich. Diese Stufe bedeutet die letzte Möglichkeit für eine untadelige Sammlung.

V Schön — *fine*: ziemlich abgegriffen, Aussehen noch erträglich, Einzelheiten verschwommen, zahlreiche, mit bloßem Auge zu erkennende Kratzer, Kanten leicht angeschlagen, Schrift noch ganz gut lesbar, aber schon recht flach. Sind solche Münzen alt und rar, können sie noch in die Sammlung aufgenommen werden, neuere Münzen nur dann, wenn es sich um eine wirklich seltene Prägung handelt. Gewöhnliche Münzen mit dieser Qualifizierung, besonders heutige, sollten lieber nicht in die Sammlung kommen.

VI Sehr gut erhalten — *very good* — Abkürzung *s. g. e.*: Münzen, die lange im Umlauf waren. Details fast ausgelöscht, oft noch lesbar, aber schon teilweise

---

Tafeln (Fortsetzung von S. 70) ▶

Italien:

93 Friedrich II., 1215—1250, Goldaugustalis, 1231
94 Aquilea, Patriarch Gregorovius de Montelongo, 1251—1269, Denaro scodellato
95 Venedig, Doge Enrico Dandolo, 1192—1205, Matapane
96 Venedig, Revolution, 5 Lire, 1848
97 Florenz, Floren, o. J.
98 Lucca, Stadtrepublik, 1639—1805, Scudo, 1754
99 Parma, Maria Louise von Österreich, 1815—1847, 5 Lire, 1832
100 Italienische Republik, seit 1946, 500 Lire, 1960

England:

101 Edward III., 1327—1377, Noble, London
102 Commonwealth, Oliver Cromwell, Halfcrown, 1658
103 Victoria, 1837—1901, Gothic-Florin, 1859
104 George VI., 1936—1952, Crown, 1952
105 Elisabeth II., seit 1952, Krönungs-Crown, 1953
106 Schottland, Maria Stuart, 1542—1567, Teston, 1558

Übriges Europa:

107 Spanien, Isabella, 1477—1504, und Ferdinand V., 1479—1516, Gold-Dobla excellente, o. J., Segovia
108 Dänemark, Christian IV., 1588—1648, 2 Mark, 1644
109 Schweden, Gustav Adolf, 1611—1632, Dukaten, 1634
110 Polen, Sigismund III., 1587—1632, Taler, 1631

(Fortsetzung S. 116)

93

94

95

96

97

98

99

100

101

102

103

104

105

106

107

108

109

110

verwischt. Münzbild als Ganzes noch ziemlich gut erhalten, aber Kleinschrift, wie Münzzeichen, schon schwer zu entziffern. Münzen in diesem Zustand sind meist auch in gewissem Maße exzentrisch, z. B. schwächer geprägt, jedenfalls aber müssen sie, wenigstens zum Teil, noch ästhetisch zufriedenstellend sein. Diesen Erhaltungsgrad weisen viele seltene Prägungen auf, besonders antike (meist griechische) und mittelalterliche, vor allem die Brakteaten, die wegen ihrer Dünne äußerst heikel sind. Münzen dieses Grades kommen nur für Sammler alter Prägungen in Betracht.

VII Gut erhalten — *good* — Abkürzung *g. e.*: Eine Stufe, auf der das Münzbild kaum mehr zu erkennen ist, oft schlecht leserlich, Einzelheiten sind gänzlich verschwunden. Sie gehören der Peripherie einer Sammlung an. Münzen in diesem Zustand interessieren den Spezialsammler und können in einer Sammlung nur als Belegstücke geführt werden. Soweit es sich nicht um eine sehr schwer erhältliche Seltenheit handelt, wird man auf sie verzichten, da sie dem Sammler in keiner Hinsicht Ehre machen.

VIII Gering erhalten — *fair* — Abkürzung *ger. e.*: Ursprüngliches Äußeres nur mangelhaft erhalten, beträchtliche Spuren von Abnützung, schwer zu entziffern, Münzbild nur noch in Umrissen erkennbar. Sonst wie Stufe VII. An Aufnahme dieser Stücke in eine Sammlung ist nicht zu denken. Mit Münzen in diesem Zustand befassen sich studienhalber nur noch Museen und Wissenschaftler.

IX Schlecht erhalten — *poor* — Abkürzung *sch. e.*: Die Bezeichnung dieser Stufe sagt alles. Nur selten wird ein Sammler solche Stücke, auch wenn es die größten Raritäten sind, in seine Sammlung aufnehmen. Gewöhnlich werden solche Münzen — auch seltene — sehr billig verkauft.

X Sehr schlecht erhalten — *very poor* — Abkürzung *s. sch. e.*: Ein durchschnittlicher Sammler lehnt Münzen in diesem letzten Erhaltungszustand grundsätzlich ab. Die Stufen VII—X kommen ohnehin im Handel überhaupt nicht oder nur sehr selten vor. Für Sammler neuerer oder heutiger Münzen sind sie gar nicht erst erwägenswert.

Einem jeden Münzsammler, gleichgültig, ob er Anfänger oder schon fortgeschritten ist, kann nur wärmstens empfohlen werden, das Gesamtaussehen seiner Sammlung mit Argusaugen zu überwachen. In einer wertvollen Sammlung heißt alles Qualität, die selbst wieder von dem Erhaltungsgrad der einzelnen Münzen bestimmt wird. Ein kluger Sammler begnügt sich mit weniger Stücken und gewöhnlicheren Prägungen, die aber dafür alle in tadellosem Zustand sind. So wird seine Sammlung immer mehr an Wert gewinnen. Wie bereits erwähnt, sollte eine Sammlung von neueren Münzen (etwa ab 1850) sich grundsätzlich auf dem Zustandsgrad I—IV, eine von älteren zwischen den Stufen

Gelocht und schlecht erhalten — diese Münze gehört in keine Sammlung

Henkel: Nürnberg, Taler 1768

II—V und eine Sammlung ältester (antiker) Münzen im Bereich III—VII halten.
Solide Firmen führen in ihren Lager- und Auktionskatalogen die Erhaltungsstufen absolut präzise und verbindlich an, manchmal in Worten, manchmal in den Nummern der betreffenden Stufen. Trotzdem muß der Sammler bei einem Kauf oder Ferntausch sorgfältig prüfen, ob die angegebene Erhaltungsstufe auch wirklich mit dem Zustand der betreffenden Münze übereinstimmt. Bei den großen Preisunterschieden zwischen den einzelnen Stufen bedeutet es manchmal eine empfindliche Mehrausgabe, wenn dieser oder jener kleine Gauner den Erhaltungswert einer Münze um einen Grad höher angibt. Münzen, die den angegebenen Stufen nicht entsprechen, sollten ohne weitere Diskussionen wieder zurückgeschickt werden. Bei soliden Firmen wird so etwas überhaupt nicht vorkommen (erstklassige Firmen nehmen nichtentsprechende Ware bis zu einem bestimmten Termin zurück), unsolide Händler sollten daraus die Lehre ziehen, daß sie sich einen Dümmeren suchen müssen, wenn sie auf unehrliche Weise zu Geld kommen wollen.

Henkel

Erstaunlich viele Münzen, besonders diejenigen, deren Münzbild religiöse Motive zeigte (Christus, Madonna, Geburt Christi, Kreuzigung), trug man in der Vergangenheit als Amulett oder Schmuckstück um den Hals. Zu diesem Zweck wurden an den Münzen verschiedene Anhänger, vor allem Henkel, angebracht. Wurde ein solcher Henkel nur an den Rand der Münze gelötet, läßt er sich leicht entfernen. Trotzdem sollte der Sammler diese Operation nicht selbst vornehmen, sondern sie einem guten Goldarbeiter anvertrauen, der nicht nur das nötige Werkzeug sondern auch Erfahrung genügend besitzt, um Beschädigungen zu vermeiden. Schlimmer ist es bei größeren und schwereren Münzen, bei denen man die Henkel oft rücksichtslos in das Münzfeld hineinlötete, wobei nicht selten auch das Münzbild beschädigt wurde. Selbst wenn ein Henkel fachgemäß entfernt wird, können seine Spuren nie hundertprozentig getilgt werden. Es gibt geschulte Restauratoren, die derartige Schäden durch Ausfüllen oder auch durch Zisellieren beinahe restlos beseitigen können, ja sie verstehen es sogar, fehlende Rändelungen an den Kanten präzise zu ergänzen. Trotzdem ist ein solcher Eingriff unter einer guten Lupe noch zu erkennen. In solchen Fällen ist schwer zu raten. Sehr oft, besonders wenn der Henkel massiv ist, droht die Gefahr, daß durch seine Entfernung ein nie wieder gutzumachender Schaden entsteht. Unter diesen Umständen dürfte es wohl das Beste sein, die Münze so zu lassen, wie sie ist, und sie mitsamt dem Henkel in die Sammlung einzureihen, aber nur dann, wenn sie ein selteneres Stück repräsentiert.

Klippen

Wie die dicken Münzen gehören auch die Klippen zu den Prägungen, die normalerweise nicht für den Umlauf bestimmt waren. Es handelt sich um aus normalen Stempeln auf einen viereckigen Schrötling geprägte Münzen, aus dem die Münze nach der Prägung nicht mehr ausgestanzt wurde. Auf diese Weise erhielt man viereckige, leicht rechteckige und manchmal auch achteckige Münzen. Sie dienten als Andenken an bedeutsame Ereignisse und bisweilen auch als Schmuck. Meist kommen sie als Gedenk- und Gelegenheitsmünzen vor, und zwar fast immer in höheren, meist den Talern entsprechenden Nominalwerten. In diesen eigenartigen Prägungen gefiel sich besonders die Barockzeit. Wir kennen eine ganze Reihe sächsischer Schautalerklippen, die überhaupt nicht als gewöhnliche Münzen geprägt wurden. Klippen finden sich des öfteren auch unter Salzburger Prägungen, unter den Prägungen deutscher Städte und manchmal auch unter den Belagerungsmünzen (Obsidionalmünzen). In Gold kommen sie selten vor. Wie dicke Münzen sind auch Klippen sehr gefragtes Sammelmaterial, für das der Liebhaber gehörig „blechen" muß.

Notmünzen

Im Laufe der historischen Ereignisse gibt es oft bewegte Zeiten, in denen ein akuter Mangel an Kleinmünzen eintritt. Ein typisches Beispiel hierfür sind Kriegsjahre, da die Bürger aus Angst vor Verarmung Münzen, besonders solche aus Edelmetall, zurückhalten und verbergen. Die Münzen werden immer seltener und verschwinden schließlich ganz aus dem Umlauf. Da der Mangel an Münzen sich natürlich beim Warenumsatz

Sachsen, Johann Georg II., 1656—1680, Schießtalerklippe 1662

auswirkt, müssen energische Gegenmaßnahmen getroffen werden. Früher holte man in solchen Krisenzeiten oft die Glocken von den Türmen, schmolz sie ein und prägte neue, meist wenig gefällige Kleinmünzen. So z. B. in den ersten Jahren der französischen Revolution, wo nach dem Verschwinden der Gold- und Silbermünzen auch die königlichen Kupferkleinmünzen rar wurden. Die Republik ließ in ihrer Not die Glocken abnehmen und mehrere Nominalwerte einer Kleinmünze mit dem Bild der Marianne in der phrygischen Mütze prägen.

In ähnliche Bedrängnis geriet Großbritannien in der zweiten Hälfte des 18. Jahrhunderts, als das Kupfer derart im Wert gestiegen war, daß die Bevölkerung die Kupferkleinmünzen aus dem Umlauf zog, sie in den Schmelztiegel schüttete und aus ihnen neue Münzen minderen Gewichtes prägte oder, die Benevolenz der Regierung nutzend, das gewonnene Kupfer verkaufte und sich Notmünzzeichen, die sogenannten Tokens, prägen ließ, von denen bereits in dem Abschnitt über die Geschichte des Münzwesens in Großbritannien die Rede war.

Eine andere reichhaltige Gruppe bilden die in Frankreich in den Jahren 1919—1922 herausgegebenen lokalen Notmünzen. Vier Jahre nach Ausbruch des ersten Weltkrieges, als ein empfindlicher Mangel an Kleingeld herrschte, ließen verschiedene Banken und öffentliche Institutionen drei Nominalwerte, meist in Aluminium, prägen: 5-, 10- und 25-Centimestücke. Als dann später das Gleichgewicht der französischen Währung wiederhergestellt war, verschwanden diese Notprägungen aus dem Umlauf.

Wie in so vielen anderen Münzgruppen nimmt Deutschland auch auf dem Gebiet der Notmünzen eine Vorrangstellung ein. Der totale Zusammenbruch der Währung nach dem ersten Weltkrieg, die astronomische Ziffern erreichende Inflation, die dem Geld- und Lebensmittelmangel folgte, rief eine ungeheuere Menge von Notmünzen, meist aus Zink, hervor. Schon vorher hatten in den letzten zwei Jahren des Weltkriegs zahlreiche deutsche Städte und Städtchen Notmünzen herausgegeben, die ebenfalls in Zink, oft aber auch in Eisen geprägt und noch gesetzmäßig in der damaligen Reichsmarkwährung gezeichnet waren, und zwar fast lauter Fünf- oder Zehnpfennigstücke. In der Inflation stürzten dann die Notprägungen wie ein Wasserfall über das Land.

Überall wurde geprägt: Nürnberg schlug oktogonale Aluminium-Notmünzen für seine Stadtbahn, Hamburg prägte 1/1000 Gold-Notmarkstücke, Westfalen entschloß sich sogar zu großen Münzen aus Kriegslegierungen in „Gold“ mit dem Bildnis des Freiherrn von Stein im Werte von bis zu 100 000 Mark.

Das Sammeln von Notmünzen ist ein faszinierendes und Entdeckungen noch immer offenstehendes Gebiet, das sich in den letzten Jahren wachsender Beliebtheit erfreut. Die Preise der Einzelstücke sind noch bescheiden, durchschnittlich etwa 2 DM, werden aber in den nächsten Jahren höchstwahrscheinlich stark ansteigen. Die genaue Zahl der Notprägungen zu nennen, ist kaum möglich. Nach der bisher erschienenen neuen Literatur sind es über 4000.

Interessante deutsche Notmünzen aus derselben Zeit sind auch die Porzellanmünzen. Sie wurden überwiegend von der Staatlichen Porzellanmanufaktur in Meißen erzeugt, sind braunrot und meist tadellos erhalten, da sie nicht für den Umlauf, sondern als Gedenkstücke für den Sammler bestimmt waren. Nichtsdestoweniger zählen sie zu den Münzen. Es gibt auch Raritäten unter ihnen, und sie sollten jede Sammlung neuerer deutscher Münzen komplettieren.

Zu den deutschen Notmünzen gehören in hohem Maße auch die Prägungen der von Deutschland besetzten Länder aus den Jahren 1939—1945, einschließlich der reichsdeutschen Prägungen selbst. Wegen Mangels an Münzmaterial wurden alle Stücke ausnahmslos nur in Zink geprägt (Holland, Belgien, Dänemark, Norwegen, Polen — wo man auch alte Prägestempel aus den Jahren 1923 verwendete — und das Protektorat Böhmen und Mähren). Auch minder zahlreiche Eisenprägungen (Norwegen) gehören hierher. Die letzte Emission des Dritten Reiches und die ersten Nachkriegsprägungen des von den Siegermächten besetzten Deutschland sind noch aus Zink. Diese Münzen, von den Sammlern lange verschmäht, werden jetzt langsam seltener, und ihr Preis beginnt zu steigen.

Belagerungsmünzen

Auch diese Münzen gehören ihrem Wesen nach zu den Notprägungen. Vom Feind belagerte Festungen litten gewöhnlich an chronischem Geldmangel, der sich vor allem bei der Auszahlung des Soldatensoldes als hinderlich erwies, denn die Söldner waren nur geneigt zu kämpfen, wenn sie ihr Essen im Magen und ihr Geld im Beutel hatten. Man mußte sich helfen, wie man konnte: Höhere Nominalwerte von Münzen entstanden durch Zerschneiden silbernen Tafelgeschirrs, aus Kirchensilber oder auch aus anderen grob geschmolzenen Edelmetallen; die Geldstücke wurden in aller Eile punziert, entweder mit dem Hoheitszeichen der Stadt oder Festung, bisweilen mit dem Wappen des adeligen Kommandanten oder wenigstens durch die notdürftige Bezeichnung ihres Wertes.
Alle diese „Münzen“ sind äußerst rar und sehr teuer. Niedrigere Werte prägte man in Kupfer, manchmal wurden sie auch auf ganz primitive Weise gegossen, und zwar vorwiegend in Bronze. Einige Beispiele für viele: Tournai, Mantua, Luxemburg 1792 während der Belagerung durch die Franzosen, Malta während der fran-

zösischen Besetzung. Es gibt auch Münzen, die durch Zerstückelung normaler Prägungen entstanden sind, und Papier-Bezugscheine, deren Gültigkeit durch die eigenhändige Unterschrift des Kommandanten gewährleistet ist.

Schiffsmünzen

Eine interessante Gruppe stellen die Schiffsmünzen (Schiffsgeld, Lotsengeld) dar, die vor allem in Spanien in Umlauf gesetzt wurden. Aus dem in Mexiko oder Peru gewonnenen Rohsilber wurden gleich an Ort und Stelle große Münzen geschlagen und mit dem Hoheitszeichen Spaniens und der Wertangabe versehen. In dieser Form brachten sie die sogenannten „Silberflotten" über den Ozean ins Mutterland, wohin ungeformte Edelmetalle nicht eingeführt werden durften. So entstanden die berühmten achtfachen Piraten-Reales und ihre Bruchwerte. Man bezeichnete diese aus sehr feinem Silber geschlagenen Münzen als Piratengeld, weil die Schiffe, welche die Silberschätze der Neuen Welt nach Spanien brachten, häufiges Angriffsziel nicht nur des legalisierten Feindes, sondern auch von Piraten und Bukanieren waren. Oft hatten die spanischen Galeonen mehrere Tonnen Schiffsmünzen geladen, so daß reiche Beute lockte.

Das größte Unternehmen dieser Art war 1702 der Überfall der spanischen Silberflotille durch die verbündete englisch-holländische Flotte in der Bucht von Vigo unweit der spanischen Küste. Fast alle spanischen Schiffe samt der sie begleitenden französischen Hilfsflotte wurden versenkt. Aus dem großen Anteil der Engländer an der Beute dieses Raubzuges wurden Münzen mit dem Brustbild der Königin Anna geprägt, unter dem in Kleinbuchstaben der Name VIGO stand. Die gegenwärtige subozeanische Archäologie und das Suchen nach

Schätzen in untergegangenen Schiffen bringt oft große Mengen solch grober und nicht sehr ansehnlicher Münzen zutage, die bei den Sammlern hoch im Kurs stehen.

Inflationsmünzen

Die Inflationsmünzen gehören eigentlich zu den Notmünzen, über die bereits gesprochen wurde. In einer echten Inflation verschwinden die Münzen natürlich bald aus dem Umlauf, da sie mit dem schwindelerregenden Tempo, in dem über Nacht Millionen zu Milliarden werden, nicht Schritt halten können. Trotzdem kennen wir Inflationsmünzen aus der großen Inflation in Deutschland (1921—1923), und zwar 200-Mark- (1923) und 500-Mark-Stücke (1923), beides Aluminiumprägungen, und außerdem noch einige Prägungen der Länder.
Die noch schlimmere ungarische Inflation der Jahre 1946/1947 kam ohne Münzen aus, ebenso die russische Inflation 1917—1920. Eine kuriose Situation war in Rußland freilich schon 1917 entstanden, unmittelbar nach dem Sturz des Zaren. Der Mangel an Kleingeld war bereits derart erschreckend und die Inflation so weit vorgeschritten, daß man zu einer absonderlichen Maßnahme griff: Es wurden gewöhnliche, noch aus der Zarenzeit stammende Briefmarken aus hartem Papier und ohne Klebestoff gedruckt, auf deren Rückseite zu lesen war, daß die betreffende Marke als Zahlungsmittel von 15 oder 20 Kopeken gelte und als solches entgegengenommen werden müsse. Diese Kuriosität bildet die einzige Stelle, wo Münzkunde und Philatelie einander berühren.
Typische Inflationsmünzen sind die österreichischen Kleinprägungen aus der Ersten Republik, die ersten Münzen Österreichs nach dem verlorenen ersten Weltkrieg mit den Prägejahren 1923 und 1924: Hundert- und Zweihundertkronenstücke in Bronze und Tausend-

kronenstücke in Nickel. Sie waren nur ein einziges Jahr, einen Tag abgerechnet, im Umlauf und wurden nach Einführung der Schillingwährung mit demselben Münzbild als Ein-, Zwei- und Zehngroschenstücke neu herausgegeben. Den Rekord in der Herausgabe von neueren Inflationsprägungen hält Rumänien. In den Jahren 1946/1947 gab es eine Reihe großer Messing- und auch ziemlich guter Silbermünzen in den Nominalwerten von 500 bis 100 000 Lei. Da sie nur in geringen Mengen geprägt wurden, sind sie zu den rareren Sammelobjekten zu zählen.

Münzkuriositäten

Zu ihnen gehören der kugelige oder klumpig ovale Silbertikal des alten Siam oder die Glasmünzen aus der Zeit der ägyptischen Fatimiden-Kalifen. Kurios an ihnen ist allerdings nur ihr Äußeres, denn es handelt sich um Münzen mit festem Geldwert. Von Kuriositäten im wahren Sinne des Wortes kann man bei Privatmünzen sprechen. 1925 kaufte sich der wohlhabende englische Geschäftsmann Colas Harman die kleine Insel Lundy an der englischen Küste, die unbewohnt, aber reich an einer Vogelart, den Seetauchern, englisch Puffins, war. Herr Harman ließ sich eine Menge Münzen prägen (Jahrgang 1929), die er nach den Vögeln Puffin und Halfpuffin nannte. Im Jahre 1930 wurde er wegen Herausgabe von behördlich nicht zugelassenen Zahlungsmitteln zu einer Geldstrafe verurteilt. Die Münzen mit Harmans Porträt auf dem Avers und dem Seetaucher auf dem Revers liefen nicht lange um oder, besser gesagt, gingen (als Kuriosum) nicht lange von Hand zu Hand. Heute stellen sie eine Münzkuriosität dar, ihr Preis beträgt etwa 25,— bis 30,— DM, und dabei ist diese Birminghamer Prägung gar nicht leicht aufzutreiben!

Kuriose Münze:
Siam, klumpenförmiger Tikal, 19. Jh.

Münzen, die keine sind

Über solche „Münzen" stolpert vor allem der Anfänger. Da waren z. B. in Konstantinopel Brückenmaut-Marken in Gebrauch, die der Uneingeweihte für Münzen hält, da sie sich äußerlich kaum von Münzen unterscheiden. Münzenähnliche Spiel- und Spielkartenmarken, meist Goldprägungen aus dem 19. Jahrhundert, sind bisweilen sehr getreue Kopien regulärer Münzen. Hierher gehört auch die große Gruppe der Jetons (manchmal mit Wertangabe), die ausschließlich zum Rechnen dienten. Ferner gibt es meist von Privatfirmen geprägte Lebensmittel- und Bezugsmarken mit Angabe des Kaufwertes (somit also auch eine Art Geld, dem nachzuspüren den Sammler locken könnte), Telefon- und U-Bahnmarken, die Jetons der Spielbanken (Monte Carlo, Baden-Baden usw.), also eine Menge Prägungen, die weder zu den Münzen noch zu den Medaillen gehören und die schwer zu klassifizieren sind.

Es gäbe noch viel mehr Münzenmaterial anzuführen, bei dem die Frage, ob es zu den Münzen zu rechnen ist oder nicht, offen bleibt. So z. B. die Bezugsmünzen der Gefangenenlager, insbesondere aus dem ersten, aber auch aus dem zweiten Weltkrieg und ähnliche Prägungen der Ghettos, die Bezugsmünzen der Militärkantinen und Werbemünzen mit Zahlungswert. Wenn Sie Ihre Münzsammlung mit solchen Stücken nicht überfüllen oder sich in dieser Richtung nicht spezialisieren wollen, können Sie solche Zahlungsmittel gleichsam am Rande im Auge behalten, die sich manchmal als historisch und soziologisch wertvoller erweisen können als richtige Münzen.

Probeprägungen (Essays)

Jede Münzstätte prüft vor dem endgültigen Prägen die äußere Form einer Münze, und dies oft auch in unterschiedlichen Metallen, da die Stücke in ihrer definitiven Verkleinerung ganz anders wirken als in den großen Gipsmodellen. Hin und wieder kommt es vor, daß eine bereits zum Prägen bestimmte Münze nach der Ausprägung einiger Probestücke enttäuscht und daher gar nicht herausgegeben wird. Diese Testprägungen sollen zwar grundsätzlich nur in den Archiven der Münzstätten aufbewahrt bleiben, kommen aber auf nicht immer gesetzlichen Wegen trotzdem manchmal auch Sammlern in die Hände. Manche dieser Stücke tragen auf der Rückseite die Bezeichnung ESSAY, andere unterscheiden sich von den regulären Münzen dadurch, daß ihre Umschrift unvollendet ist, und es gibt auch solche, die nur einseitig ausgeführt sind. Essays bereichern nicht nur eine Sammlung, sondern dienen auch als interessantes Studienmaterial.
Manchmal erscheint in der Öffentlichkeit eine größere Stückzahl dieser Probeprägungen. In Birmingham z. B. entwarf der Privatgraveur und Medailleur Münzen, welche die bisher umlaufenden schweren Kupferpennys und -halfpennys ersetzen sollten. Es waren kleine Kupferstücke, deren Mitte ein rundes Silberplättchen

Essay: Preußen, Wilhelm II., 1888–1918, Probeprägung 2 RM 1913

Essay: England, Victoria, 1837–1901, Model-Halfpenny 1840

mit dem Haupt der Königin zierte. Diese Probeprägungen waren ordnungsgemäß mit der Bezeichnung MODEL PENNY versehen. Dieser originelle Entwurf wurde zwar abgelehnt, aber eine große Menge dieser Probeprägungen geriet geschenks- oder verkaufsweise unter die Bevölkerung.

Versehen und Fehler auf Münzen

Die Münzen der Gegenwart weisen infolge der modernen Münztechnik und der mustergültigen Kontrolle nur sehr wenige Fehler auf. Bei älteren Münzen kam es öfter zu Versehen, vor allem in den Umschriften. Eine fehlerhafte Umschrift findet sich z. B. auf 1 Centesimo des Königreiches Italien unter Napoleon aus dem Jahre 1808 mit dem Zeichen M (Münzstätte Mailand), wo anstatt IMPERATORE IMPETATORE steht. Derartige Fehler kommen öfter vor. Seltener finden sich Verstümmelungen des Datums: Bei nachlässigem Überprägen fließen alte und neue Jahreszahlen ineinander, woraus sich erstaunliche, manchmal fünf- oder sechsstellige Jahreszahlen ergeben.
Manchmal gerät in die moderne Prägemaschine unbegreiflicherweise auch ein anderer Schrötling als die neben der Maschine in ungeheueren Mengen vorbereiteten Münzplättchen. So kann es geschehen, daß eine

durchweg in Kupfernickel geprägte Münze in einem einzigen Stück auch in Messing geschlagen wird, vorausgesetzt, daß das verwechselte Plättchen die gleiche Größe hat wie der rechte Schrötling. Das ist dann der Fall, wenn die Münzstätte gleichzeitig Münzen für verschiedene Staaten prägt, da die gleichen Nominalwerte in allen Ländern fast dieselbe Größe haben. Die Münze findet dann vielleicht einmal ein eifriger Jahrgang-Sammler unter gewöhnlichen Kleinprägungen und gewinnt damit eine Kuriosität und Rarität ersten Ranges. Daraus folgt, daß ein Sammler neuerer Münzen möglichst viele Kleinmünzen mit der Lupe prüfen sollte. Es könnte sich lohnen!

MÜNZMOTIVE

Es wäre weitaus einfacher, die wenigen Motive aufzuzählen, die auf Münzen nicht zu finden sind, als die unübersehbare Fülle dessen zu nennen, was Menschenhand im Laufe von drei Jahrtausenden auf dem Münzbild hervorgebracht hat.
Tiere vor allem: Ein Großteil der griechischen Mythologie zeigt entweder auf einer, oft aber auch auf beiden Seiten ein Tiermotiv. Sehr häufig kommt der Löwe als Symbol der Kraft und Fruchtbarkeit vor, ebenso als Sinnbild der Sonne. Ferner Wild, Tiere des Meeres und Insekten. Die gleiche Tendenz setzt sich dann auf den römischen Münzen fort, bereichert durch das häufig wiederkehrende Symbol von Macht und Tapferkeit, den Elefanten. Die karthagischen Münzen zeigen auf ihren Reversen oft einen Pferdekopf. Der in hoher Gunst stehende Stier erinnert an die östlichen Kulte. Auf zahlreichen Münzen findet sich der Adler des Zeus, der sich auf den Prägungen des ägyptischen Alexandriens bei-

nahe bis zum Untergang des Römischen Reiches hielt. Nach einer Pause während des Mittelalters nahm erst die antiken Vorbildern sich zuneigende Renaissance die Tiermotive wieder auf. Die Barockmünzen zeigen Tiere, vor allem den Löwen, meist nur in heraldischer Form. Das heraldische Bild eines trabenden Pferdes tragen die Münzen Hannovers und Braunschweigs. In der neueren Zeit wiederholen sich die Tiermotive auf den Münzen öfter, wie z. B. der Adler in den Vereinigten Staaten und in Mexiko; Irland zeigt auf den Reversen seiner gegenwärtigen Prägungen Haustiere, Kanada sein jagdbares Wild, in den Staaten Afrikas und auf den Inseln im Stillen Ozean werden Tropentiere bevorzugt, und Fische gab es auf den Münzen von Danzig.
Der Tierwelt entlehnte Motive kommen auch in allerlei Kombinationen vor: Auf griechischen Münzen wurden kämpfende Tiere aus der Mythologie des Orients übernommen, es gibt eine Tiermutter mit ihrem Jungen, ein Zwei-, Drei- und Viergespann (römische Konsularprägungen), einen Adler mit einem Hasen in den Klauen (Syrakus), Delphine, die das Haupt der Nymphe Arethusa umschwimmen (ebenfalls Syrakus), und auf einem Delphin reitet der sagenhafte Taranis Tarent, Herakles kämpft mit dem Löwen (Päonien). Auf manchen Münzen erscheinen auch etwas ungewöhnliche

---

Tafeln (Fortsetzung von S. 96) ▶

111 Rußland, Iwan IV., 1547—1584, Silberkopeke, Pskow
112 Rußland, Peter I., der Große, 1689—1725, Rubel, 1712
113 Rußland, Katharina II., 1762—1796, 5 Kopeken, 1780, Jekaterinburg
114 Rußland, Paul I., 1796—1801, Kupfer-Kopeke, 1799, Jekaterinburg
115 Niederlande, Provinz Holland, Löwentaler, 1589
116 Niederlande, Wilhelmine, 1890—1948, 2 ½ Gulden, 1938
117 Belgien, Albert I., 1909—1934, Belga (Nickel), 1931
118 Bulgarien, Republik seit 1946, 2 Lewa, Gedenkmünze an Klemens von Ochrid, 1966 (Fortsetzung S. 134)

111

112

113

114

115

116

117

118

Tiere: ein Seepolyp (Eretria auf der Insel Euböa), ein Zaunkönig (auf einem Farthing Großbritanniens), ein Kiwi (Neuseeland).
Eine gleiche Fülle von Motiven bietet die Pflanzenwelt. Bei den Griechen war das Akanthusblatt als Ornament beliebt, der Lorbeer kränzt zahllose große Häupter, das deutsche Eichenblatt hat sich bis in die Gegenwart erhalten. Auch die Weinrebe und ihre Blätter kommen häufig vor, Palmen finden wir bereits auf altjüdischen Prägungen, die Slawen bevorzugen Lindenblätter, ein beliebtes Motiv Kanadas ist das Ahornblatt. Blumen, soweit sie nicht als Verzierung gedacht sind, finden sich ziemlich selten, am häufigsten erscheint die heraldische Rose, die bereits Rhodos auf seinen griechischen Münzen zeigte. Exotische Motive sind die Ananas (Barbados) und der Granatapfel (Kolumbien).
Das auf Münzen abgebildete Werk von Menschenhand kann als eine wahre Fundgrube aufschlußreicher Erkenntnisse bezeichnet werden. Gesamtansichten von Städten und Häfen sind historisch und topographisch überaus wertvoll. Architekturen, vor allem große öffentliche Gebäude, sind oft auf römischen Münzen anzutreffen; Tempel und später Kirchen gibt es auf den Prägungen aller Jahrhunderte. Besonders repräsentativ wirken Monumentalbauten wie das römische Kolosseum, die Pyramiden Ägyptens und Dome und Kathedralen auf europäischen Münzen.
Die Münzen aller Zeiten erweisen sich als eine nahezu unübersehbare Kunstgalerie. Sie bieten Darstellungen zahlreicher Werke der Bildhauerkunst, von längst verlorengegangenen Arbeiten der alten Griechen angefangen bis zur modernen abstrakten Kunst. Zu allen Zeiten und bei allen Völkern sind Kulthandlungen auch in der Kunst veranschaulicht worden.
Damit sind wir bei einer weiteren, unendlich großen Gruppe angelangt: bei Münzen mit mythologischen und religiösen Motiven. Auf den Münzen der alten Griechen

wird das gesamtgriechische Pantheon in formvollendeter Gestaltung der einzelnen Gottheiten dargestellt, doch auch die dämonischen Wesen wie grinsende Gorgonenhäupter und Medusenköpfe mit Schlangenhaaren kommen nicht zu kurz. Die Götter der alten Römer, der Januskopf und die Apotheosen der Tugenden und Handwerke sowie deren Schutzgötter begleiten die römischen Münzen ein ganzes Jahrtausend hindurch.
Das beginnende Christentum bringt seine eigene Symbolik mit, anfangs einen Fisch, später ein schlichtes Kreuz, das sich als Motiv auf Tausenden und Abertausenden Prägungen bis in die Gegenwart erhalten hat. Als Ergänzung der Übersicht all dieser zahlreichen religiösen Motive wäre noch die Thematik der Wallfahrtsorte und wundertätigen Heiligen- und Marienbilder zu nennen.
Auf zahlreichen Münzen ist der Mensch bei der Verrichtung seines Tagewerkes festgehalten. Besonders häufig werden Szenen aus dem Berg- und Schurfbau, letztere vor allem auf Münzen aus Edelmetallen, dargestellt. Eine eigene Sammelgruppe bilden auch die sogenannten Ausbeutemünzen. Sie werden aus der Metallausbeute bestimmter Gruben geprägt, was auf den Münzen ausdrücklich vermerkt ist. Von allen Staaten der Welt besitzt Deutschland die meisten solcher Münzen. Sie wurden in fast allen deutschen Ländern, besonders reichlich in Sachsen und Braunschweig, geprägt. Seit der Antike ist auch der Sport als Münzmotiv stark vertreten. Schon die Münzen der griechischen Kult- und Sportstätte Olympia weisen Sportmotive auf, und in unserer Zeit geben viele Staaten nicht nur zu den einzelnen Olympiaden, sondern auch anläßlich nationaler Wettkämpfe Gedenkmünzen heraus
Der geradezu klassischen Auffassung des Münzbildes seit der Spätrenaissance bis nahezu in die Gegenwart entsprechen Prägungen mit dem Herrscherbild auf dem Avers und dem Wappen des Landes, der Stadt oder des

Olbia, Gorgonenhaupt,
Gußmünze, 5. Jh. v. Chr.

Fürstentums, bzw. der Diözese, und auch einzelner Adelsgeschlechter auf dem Revers. Zu den überlieferungstreuen Ländern, in denen derartige Prägungen bis heute hergestellt werden, gehören Großbritannien, Holland, Schweden und einige Länder des Orients. Erwähnenswert sind an dieser Stelle auch die einst so beliebten Monogramme, insbesonders die gekrönter Häupter, von denen ebenfalls manche noch in unserer Zeit geprägt werden.

Der Mensch auf dem Münzbild ist das interessanteste und historisch wohl bedeutsamste Motiv. In den ersten Epochen der griechischen Antike war es nicht üblich, einen noch lebenden Herrscher abzubilden, da man den Neid der Götter fürchtete. Darum erschienen auf den Münzen jener Zeit statt menschlicher Darstellungen Götterbildnisse, was im Grunde genommen das gleiche war, denn die alten Griechen stellten sich ihre Gottheiten in Menschengestalt und mit allen menschlichen Untugenden und Leidenschaften behaftet vor. Aber

schon in der Zeit Alexanders des Großen (356–323 v. Chr.) brach man mit dieser Tradition und bildete das Jugendantlitz dieses Welteroberers als das in ein Löwenfell gehüllte Haupt ab. Die Nachfolger Alexanders des Großen, die hellenistischen Könige, ließen auf ihren Münzen bereits ihre eigenen, manchmal rücksichtslos getreuen Bildnisse prägen.
Auch die römische Republik und die Kaiserzeit hielten an dieser Tradition fest. Das Herrscherbildnis erscheint auf den Münzen bis zum Untergang des römischen Imperiums. Es wäre nicht uninteressant, auf Grund dieser Abbildungen Studien über die Haartrachten der altrömischen Damen und über die Bekleidung ihrer Kinder anzustellen.
Erst mit dem Anbruch der Renaissance erscheint das menschliche Antlitz neuerlich als Porträt des Landesherrn mit individuellen Zügen. Und schon die Hochrenaissance schenkte uns herrliche Bildnisse von den Fürsten und Abenteurern ihrer Zeit. Von da an ging die Entwicklung der Porträtkunst weiter bis in die Gegenwart. Auf den Münzen erscheinen Doppel-Brustbilder im Profil (Deutschland, Österreich, Italien), später auch mehrere Köpfe oder eine ganze Familie, zwei regierende fürstliche Brüder (Sachsen), eine Mutter mit Kind, (Etrurien), am häufigsten jedoch Ehepaare.
Das Barock brachte die Pose, gekünstelte Kleider und Frisuren, oft auch eine gewisse, den nachgebildeten Personen bewußt schmeichelnde Schönfärberei. Das französische Empire, das sich nahezu ganz Europa eroberte, stellte das Ebenmaß des Porträts gleichsam nach antiken Vorbildern wieder her. Es brachte einige der schönsten Münzbildnisse hervor, obwohl auch der Empirestil, in dem alle abgebildeten Personen antiken Heroen gleichen sollten, das Schönfärben nicht ganz lassen konnte. Das beweisen die vielen Bildnisse Napoleons, auf denen der kleine, in seinen mittleren Jahren bereits beleibte Korse wie ein antiker Götterjüngling aussieht.

Das Biedermeier kehrte dann zu den verhältnismäßig oberflächlichen offiziellen Porträts zurück, worauf eine Epoche des Verfalls einsetzte. Denn nach der Erfindung der Daguerreotypie wurden aus vielen Porträts nichts als photographisch getreue Reproduktionen, ihr künstlerisches Niveau unterdurchschnittlich, ihr Stil rein deskriptiv. Es muß allerdings zugegeben werden, daß auch in unserer Zeit viele Prägungen an diesem Übel kranken. Erst in den zwanziger Jahren unseres Jahrhunderts erwachte die Porträtkunst aus ihrem Dornröschenschlaf. Es setzte sich eine moderne Konzeption durch, das Porträt befreite sich aus den langjährigen Fesseln sklavischer Reproduktion und ging wieder seine eigenen, spezifischen Wege.
Zu den Münzmotiven zählen auch Krönungsfeiern, Hochzeiten, Eroberungen fremder Länder und deren Besiedlung (Kolonialmünzen, USA), Umstürze und Revolutionen, Staatsbesuche, Unabhängigkeitserklärungen, Haus- und Industrieprodukte, Weltausstellungen, Indianer und ihre Totems, Königskronen und chinesische Drachen, Sphinxe und Phönixe, der heilige Georg (in Deutschland besonders bei dem Geschlecht Mansfeld) und Bären auf Burgzinnen (Anhalt — Brandenburg).

ANLAGE UND PFLEGE DER SAMMLUNG

Der Anfänger sollte sich über eines klar werden: Noch niemals hat jemand irgendwo auf der Welt alle Münzen zusammentragen können, die je geprägt wurden. Weder die größten Museen der Welt haben das bis jetzt fertiggebracht, noch auch Sammler, denen praktisch unbegrenzte Mittel zur Verfügung standen. Eine wirklich komplette Sammlung von Münzen aus aller Welt würde einen kaum bezifferbaren Wert darstellen, und außer-

dem gibt es viele Stücke, die nur in einem einzigen Exemplar erhalten geblieben sind, das sich überdies noch ein für allemal in festen Händen, meist in Münzkabinetten, befindet, und solch eine Münze müßte dann auf alle Fälle fehlen.
Das sollte natürlich niemand davon abhalten, Münzen zu sammeln. Denn gerade das Zusammentragen und Zusammenstellen der Münzen und nicht das Komplettieren der Sammlung bildet den größten Reiz der Sammlerleidenschaft. Darum kann dem Anfänger auch mit ruhigem Gewissen empfohlen werden, zunächst einmal alles zu sammeln. Später wird sich dann eine Spezialisierung als nützlich, ja notwendig erweisen, aber damit sollte man erst beginnen, wenn man bereits gut fundierte Kenntnisse vom gesamten Münzenfach hat. Und es steht jedem frei, sich solche Kenntnisse zu erwerben, wenn man nur will.

Wo anfangen?

Sie fangen auf äußerst einfache Weise zu sammeln an: in Ihrer eigenen Tasche. Jeden Tag geht eine Menge Kleingeld durch Ihre Hände. Wenn Sie sich die Münzen näher anschauen, können Sie feststellen, daß 1. die meisten bereits abgegriffen sind und sich daher für die künftige Sammlung nicht eignen, daß sich 2. bestimmte Arten und Jahrgänge häufig wiederholen, andere hingegen selten.
Legen Sie also die ganz neuen und tadellosen Münzen aus ihrem Kleingeldvorrat beiseite. Die Münzen von heute werden nicht ewig neu bleiben, und auch die ältesten Münzen waren einst neu und ganz gewöhnlich, selbst wenn sie heute Seltenheitswert besitzen. Dann gibt es noch Banken, Wechselstuben und Postämter, die regelmäßig von den Münzanstalten neugeprägte Münzen für ihren Gebrauch erhalten. Wenn Sie sich an diese

Institutionen wenden und Ihre Sammlerleidenschaft ins Feld führen, wird man Ihren Wünschen sicherlich entgegenkommen.
Das werden Sie natürlich nicht nur im Inland, sondern auch bei Ihren Auslandsreisen tun. Ihre Bekannten, die gerade aus einem fernen, ja manchmal sogar exotischen Land zurückkehren, haben meistens nach ihrer Rückkehr noch Kleingeld von dort in der Tasche. Dann können Sie Ihr Jagdrevier ausdehnen. Sie müssen sich damit abfinden, daß manch einer über Ihre Erkundigungen nach Münzen lächelt, ja spottet, doch das darf Sie nicht stören, das gehört eben dazu.
Da können Sie z. B. feststellen, daß manche älteren Leute in Schachteln mit alten Knöpfen und anderem Krimskrams nicht mehr gültige Münzen besitzen, die meistens einige Jahrzehnte alt sind. Es sind dies meist keine besonderen Stücke, aber auch darunter können sich ein paar wirklich gute Münzen befinden. Jeder gute Katalog gibt Ihnen darüber Auskunft, welche Jahrgänge und welche Münzen wertvoll sind.

Schatzgräber

Wie sehr faszinierten die Geschichten von vergrabenen Schätzen Sie sicherlich schon als Kind, und dabei handelte es sich nicht immer um Phantasie. In unruhigen Zeiten pflegten die Menschen ihr Eigentum seit eh und je zu vergraben, denn sie hatten zur Mutter Erde mehr Vertrauen als zu den sichersten Kassen. Und dann kam es manchmal vor, daß sie aus dem einen oder dem andern Grund verhindert waren, ihr Eigentum wieder an sich zu bringen. Solche vergrabenen Schätze, die man Funde nennt, gibt es auch heute noch, und gar nicht so selten, wie man glauben möchte.
Sie stammen häufig aus der Zeit des Dreißigjährigen Krieges und der napoleonischen Kriege. Obwohl wir

Ihnen von ganzem Herzen wünschen, daß Sie das unwahrscheinliche Glück haben mögen, in Ihrem Garten beim Umgraben der Beete auf solch einen sprichwörtlichen Dukatenschatz zu stoßen, ist diese Wahrscheinlichkeit leider nicht sehr groß. Doch Leute, die fast ausnahmslos nicht Münzsammler sind, haben dieses Glück ziemlich häufig.

Meist sind es Bauern, und zwar viel öfter als Archäologen. Solche Münzen wurden dann, besonders wenn sie aus Gold oder Silber waren, eingeschmolzen, die kleineren Münzen überließ man den Kindern zum Spielen oder bewahrte sie mit andern unbrauchbaren Dingen in einer Kammer oder auf dem Dachboden auf. Hier öffnet sich Ihnen ein weites Feld für Ihre Jagdzüge. Römische Denare sind z. B., in Anbetracht der Größe des römischen Imperiums, über ganz Europa verstreut. Insbesondere Süddeutschland ist überaus reich an Funden römischer Münzen.

Der größte englische Schatz wurde erst vor kurzer Zeit gefunden. Im Dörfchen Fishpool, nicht weit von Newstead Abbey in Nottinghamshire, wurde ein altes Haus abgetragen. Aus dem Gemäuer ergoß sich plötzlich ein Regen von Goldmünzen — im ganzen waren es 1237 —, und dazu wurde noch Goldschmuck gefunden. So geschehen am 22. März 1966. Die Münzen stammten aus dem 14. und 15. Jahrhundert und waren meist englischer, französischer und burgundischer Provenienz. Die Hebung dieses Schatzes hatte eine merkwürdige Geschichte, die mit dem britischen Gesetz zusammenhängt, wonach jeder aufgefundene Schatz der Britischen Krone anheimfällt. Wenn er jedoch ehrlich und rechtzeitig angemeldet wird, erhalten der Finder oder die Finder vom Britischen Museum den vollen heutigen Gegenwert des Fundes. Auch in diesem Falle waren die vier Finder des Schatzes, so wie es fast immer vorkommt, vom Glanz des Goldes geblendet und meldeten nur den kleineren Teil der gefundenen Münzen an. Den größten Teil verbargen sie an verschiedenen Orten. Später jedoch bekamen sie es mit der Angst vor etwaigen Folgen zu tun und meldeten unter dem Druck der polizeilichen Untersuchung weitere Münzen als „Fund“ an. Es ist freilich auch interessant, daß ein Jahr später auch den nicht allzu ehrlichen vier Hauptfindern ein stark reduzierter Finderlohn zugesprochen wurde. Sie erhielten nahezu 12.000 Pfund, kein sehr gutes Geschäft, wenn man in Betracht zieht, daß der ganze Schatz auf eine Viertelmillion Pfund geschätzt wurde, die sie sonst ganz ausbezahlt erhalten hätten. Fachleute stellten fest, daß der Schatz entweder knapp vor oder nach der Schlacht bei Hexham am 15. Mai 1464 vergraben wurde, als der Kampf der Weißen Rose und der Roten Rose seinen Höhepunkt erreicht hatte und das Haus Lancaster vom Haus York geschlagen wurde. Nicht ohne Interesse ist auch die Wandlung, die der Wert der Münzen erfahren hat. Als man sie vergrub, waren sie etwa 400 Pfund wert, so daß der heutige Schätzwert von 250.000 Pfund den ursprünglichen 625mal übersteigt, wobei die damalige Kaufkraft sechsmal höher war als die heutige.

Aber nicht nur in der Erde kann man wertvolle Beiträge zu einer Münzsammlung finden. Eine weitere fast unerschöpfliche Fundquelle, die sich den Tauchern erschließt, stellt das Meer dar, wo Tausende und aber Tausende Schiffe schon halb verborgen unter Schlamm und Sand auf dem Grund liegen. Es ist bereits gelungen, aus vielen Wracks große Mengen von Münzen zu bergen. Bei der Schatzsuche ist Vorsicht geboten! Es gibt Länder, wo man die Sammlerleidenschaft und den Jagdeifer nach alten Münzen zum eigenem Vorteil auszunützen weiß. Folgende kleine Geschichte möge zur Illustration dienen:

In einem kleinen griechischen Dorf erkundigte sich ein Sammler nach den so beliebten, schönen und wertvollen alten griechischen Münzen. Im Wirtshaus setzte sich ein einfacher Bauer zu ihm und versuchte ihm, über alle Sprachschwierigkeiten hinweg, klarzumachen, daß er auf seinem Acker beim Umgraben des Weinberges schon einige Male wunderschöne große Münzen gefunden habe. Er habe sie natürlich abliefern sollen, doch die Behörden zahlten so wenig, so daß er noch einige davon habe. Nach einigem Hin und Her erklärte er sich schließlich bereit, sie dem Fremden zu zeigen. Als er die Münzen brachte, haftete noch Erde an ihnen. Als man sie dann reinigte, erstrahlte das edle Profil Alexanders des Großen in silbernem Glanze.

Der Tourist war natürlich begeistert, und man begann über den Kaufpreis zu verhandeln. Nach längerem Feilschen wanderte gutes Geld für eine grobe Fälschung in die Tasche des geschäftstüchtigen griechischen Dorfbewohners. Jawohl, eine Fälschung, denn dieser Trick bringt so viel ein, daß es sich lohnt, auf primitive Art den groben Abdruck einer echten Münze herzustellen.

Es gehört schon eine gewisse Erfahrung dazu, antike Münzen, die fast immer geschlagen sind, von den Fälschungen, die fast stets gegossen sind, zu unterscheiden. Darüber wird noch mehr zu sagen sein. Jedenfalls ist der Trick mit angeblich aufgefundenen Münzen heute schon so ausgearbeitet und verfeinert, daß so ein biederer Dorfbewohner Sie selbst zu seinem Acker führt, Ihnen die Hacke in die Hand drückt und Sie auffordert, selbst ihr Glück zu versuchen. Und siehe da, das Glück ist Ihnen wirklich hold, denn Sie graben eine Münze aus, die, statt ordnungsgemäß ihre zweitausend Jahre dort gelegen zu haben, erst vorige Woche vergraben wurde. Also Vorsicht mit „Funden“ im Ausland.

Münzenkauf

Man kann heute kaum irgendetwas sammeln, ohne ab und zu ein Stück kaufen zu müssen. Es wäre naiv, sich vorzustellen, daß man eine hübsche Münzsammlung nur aus Material zusammenstellen kann, das man geschenkt bekommen oder selbst aufgespürt hat. Man kann die Münzen natürlich von Privatpersonen kaufen, wo der Preis Sache der Übereinkunft ist. Viel häufiger allerdings wird man Münzen beim Händler erstehen, und zwar schon deshalb, weil es da die notwendige Auswahl gibt.

Neuere Münzen kosten bei allen Händlern ungefähr gleich viel, da diese sich nach den in den Katalogen angeführten Preisen richten. Für den Anfänger ist es vorteilhaft, seinen „Leiblieferanten" für Münzen zu haben, also immer denselben. Sie sollen sich aber nicht zwingen, bei ihm stets unbedingt etwas zu kaufen; versuchen Sie lieber, ihn als Freund und Berater zu gewinnen. Wenn es sich um einen soliden Geschäftsmann handelt, und nur ein solcher kann als ein guter Händler gelten, wird auch ihm daran liegen, in Ihnen einen Stammkunden heranzuziehen.

Es gibt außer spezialisierten Münzhändlern auch noch Läden, wo Münzen nebenbei verkauft werden. Hier ist Vorsicht geboten. Es entbehrt sicherlich nicht eines gewissen Reizes, in alten abgegriffenen Münzen in einem alten Gefäß bei einem Trödler oder beim Dorfkrämer herumzuwühlen. Doch die Zeiten, da man zwischen alten Kreuzern, Pfennigen und Hellern noch eine gute Münze finden konnte, sind endgültig vorüber. Die Sammlergemeinde ist schon allzu zahlreich, und so haben schon viele vor Ihnen in dem besagten „Schatz" gewühlt.

Überdies herrscht auf dem Markt ein fühlbarer Mangel an erstklassigem Material, so daß auch der Trödler sehr gut achtgibt, daß nicht etwa ein Goldfisch unter den wertlosen Kram gerät. Ganz ausschließen läßt sich allerdings solch ein Glücksfall nicht. Hier ist dann die Sachkenntnis ausschlaggebend. Es gewinnt, wer über größere Kenntnis verfügt, Sie oder der Kaufmann!

Auktionen

Für fortgeschrittenere Sammler sind Auktionen gute Gelegenheiten zum Münzenkauf. Sie werden überall auf der Welt in regelmäßigen Zeitabständen abgehalten. Deutschland war seit jeher das wichtigste Land für Münzauktionen und hat sich diese Vorrangstellung bis heute erhalten. Die Firma, die eine Versteigerung veranstaltet, wird Ihnen bereitwilligst den Auktionskatalog zusenden. Die angeführten Preise sind natürlich geschätzt, nicht jedoch Verkaufspreise.
Die Versteigerung beginnt gewöhnlich mit dem Ausrufen eines Wertes unterhalb des Schätzpreises, zum definitiv erzielten Preis kommt dann meist noch ein gewisser Zuschlag hinzu, den die veranstaltende Firma für sich behält, da es sich bei der Mehrzahl wertvoller Versteigerungsobjekte nicht um das Eigentum des Händlers, sondern um Stücke handelt, die ihm nur in Kommission gegeben, also zum Weiterverkauf anvertraut wurden. Die Höhe dieses Zuschlages bewegt sich um 15 % des erzielten Preises, und zwar sowohl für den Käufer als auch für den Verkäufer.
Im Katalog sind die Münzen stets genau beschrieben und die wichtigeren Stücke abgebildet. Auch der Grad, wie gut die Münze erhalten ist, wird genau angeführt, was besonders bei größeren Firmen den tatsächlichen Verhältnissen entspricht. Auch Fehler auf teuren Münzen werden im Katalog vermerkt, z. B. „angeschlagener Rand", „haardünner Kratzer", „war gehenkelt" usw. Man kann natürlich auch schriftlich Auftrag zum Kauf geben, aber es ist doch viel reizvoller, sich an einer Auktion persönlich zu beteiligen und die zu versteigernden Stücke vorher in Augenschein zu nehmen.
Wenn Sie solche Auktionskataloge aufbewahren, werden Sie mit der Zeit eine wertvolle kleine Nachschlagbücherei zusammenbekommen. Es ist empfehlenswert, sich auch einige alte Auktionskataloge in Antiquariaten

oder bei den betreffenden Firmen zu beschaffen. Den größten Wert werden für Sie Auktionskataloge von spezialisierten Sammlungen haben, da sie an und für sich Monographien über das betreffende Gebiet darstellen. Dabei handelt es sich meist um die Sammlungen verstorbener Sammler, die ihr Leben lang bemüht waren, eine Münzsammlung unter häufig großen finanziellen Aufwendungen zusammenzustellen.
Doch auch Verkaufskataloge sind neben den Auktionskatalogen gute Hilfsmittel für den Sammler. Es ist dies ein Verkaufs-, eventuell auch ein Lagerkatalog, mittels dessen der Händler Münzen ohne besonderen Zuschlag anbietet, die er gerade auf Lager hat. Dabei handelt es sich meist um ganz alltägliche, häufig vorkommende Münzen zu sehr niedrigen Preisen, deren Versteigerung sich nicht lohnt. Und gerade darum eignen sich diese Kataloge besonders gut für den Anfänger, der eben erst versucht, sich im Dschungel der Preise und der verschiedenen Münzen halbwegs zurechtzufinden.
Es gibt auch noch andere Möglichkeiten für den Ankauf von Münzen, und zwar nicht neuer und solcher, die sich im Umlauf befinden. Heute haben bereits viele Banken, Bankhäuser und Sparkassen ihre Münzenabteilungen, die häufig hervorragende und seltene Exemplare bergen. In manchen Staaten sind neue Jubiläumsprägungen auch in Banken und Sparkassen zu kaufen. Eine Reihe Händler mit Briefmarken haben ihr Sortiment um Münzen und Medaillen meist neuerer Prägung erweitert.

Was soll man eigentlich sammeln?

Ja, was soll man eigentlich sammeln? Bei der ungeheuren Menge von Münzen, die geprägt wurden und ständig geprägt werden, sind die Möglichkeiten praktisch unbegrenzt. Da alte Münzen immer seltener und immer teurer werden, haben sich heute die meisten Sammler entschlossen, neuere und neue Münzen zu sammeln, also Münzen seit etwa dem Jahr 1850. Das hat gewisse Vorteile: solche Münzen sind leichter zu haben, sie pflegen in tadellosem Zustand zu sein, was natürlich beim Sammeln neuerer Münzen ausschlaggebend ist, und sie sind überdies den Preisen nach, von einigen Ausnahmen abgesehen, zugänglicher als alte Prägungen. So kann man, ohne allzu große finanzielle Mittel aufzuwenden, eine hübsche lückenlose Sammlung zusammenstellen. Und da ein Sammler in Deutschland vermutlich beim Nächstliegenden beginnt, also bei deutschen Münzen, kann man z. B. bei Deutschland 1918 anfangen.

Die Prägungen der Nachkriegs- und Inflationsjahre von 1918 bis 1924 sind preiswert, wobei nur die späteren Dreimarkstücke der Jahrgänge 1924 und 1925, die etwa DM 80,— kosten, etwas teurer sind. Nicht ganz so einfach wird es mit der Weimarer Republik sein. Die Gelegenheitsprägungen und Gedenkmünzen aus dieser Zeit sind äußerst gesucht und werden gut bezahlt, ihr Preis übersteigt jedoch nicht DM 350,— pro Stück in ganz tadellosem Zustand. Außerdem besteht kein Zweifel daran, daß noch eine Menge dieser Münzen im Besitz der Bevölkerung ist. Die seltensten und daher auch teuersten Münze unter ihnen sind das anläßlich des 400. Todestages von Albrecht Dürer geprägte Dreimarkstück (DM 700,—), das Dreimarkstück zur Tausendjahrfeier von Dinkelsbühl (750,— DM) und das Goethe-Fünfmarkstück, das mit ungefähr DM 2400,— den höchsten Preis erzielt.

Unter den Münzen des Dritten Reiches gibt es keine numismatischen Raritäten, und Nachkriegsprägungen ebenso wie die Münzen der Bundesrepublik sind in der Regel noch überall zu annehmbaren Preisen aufzutreiben. Die einzige Ausnahme bildet ironischerweise der sehr bescheidene Zinnpfennig (1 Reichspfennig, 1944), der das Münzzeichen D trägt und dessen Hakenkreuz unter den Klauen des Reichsadlers entfernt wurde. Der Preis dieser unter alliierter Besatzung geprägten kleinen Münze ist im Katalog mit etwa DM 2000,— bewertet.

Unter den von der Bundesrepublik geprägten Gedenkmünzen ist die erste, ein Fünfmarkstück zum Jubiläum des Germanischen Museums in Nürnberg aus dem Jahre 1952, am teuersten, sie kostet etwa DM 600,—. Die Münzen der DDR sind ein Kapitel für sich. Die üblichen Aluminiummünzen haben nur einen sehr kleinen Wert, während die silbernen Gedenkmünzen, die in einer sehr beschränkten Zahl geprägt und meist nur für harte Valuten verkauft wurden, bedeutend teuer sind, doch auch sie erzielen nicht mehr als DM 80,— pro Stück.

Es muß allerdings hinzugefügt werden, daß die hier angeführten Preise nur für die Zeit gelten, in der dieses Buch erarbeitet wurde. Es sind Preise, die bereits erheblich höher sind, als sie noch vor fünf Jahren waren. In Anbetracht des stürmischen Aufschwungs des Münzensammelns und der geradezu astronomisch anmutenden Zahl von Münzensammlern scheint es sicher zu sein, daß die Preise auch weiterhin ansteigen werden. Doch das pflegt beim Sammeln so zu sein, und die Lehre daraus ziehen, heißt: Wer lange zögert, muß später dann noch mehr bezahlen!

Eine andere beliebte Gruppe sind deutsche Reichsmünzen ab 1871, dem Jahr der deutschen Einigung. Eine vollkommen komplette Sammlung dieser Münzen wäre eine recht kostspielige Angelegenheit, die man sich nur leisten kann, wenn man außerordentlich zahlungskräftig ist. Der Grund hierfür ist, daß die Münzen der einzelnen deutschen Staaten zwar eine einheitliche Währung prägten, die jedoch immer noch eigenständig war. Und wenn die Gesamtzahl der deutschen Münzen seit 1918 bis zum heutigen Tage etwa 300 Stück beträgt, so gab es von 1870 bis 1918 ungefähr tausend Münzen, einschließlich der preußischen, wenn man alle Jahr-

gänge, die verschiedenen Münzstätten und Varianten in Betracht zieht. Trotzdem ist jedoch gerade diese Gruppe bei deutschen Sammlern sehr beliebt.
Und dann gibt es die fast unabsehbare Menge noch älterer deutscher Münzen, deren genaue Zahl nicht festzustellen ist. Eine komplette Sammlung müßte an die zehntausend Stück umfassen. Das Sammeln alter deutscher Münzen aller Gebiete ist sicherlich das schwierigste, ganz sicher aber das umfangreichste Unterfangen überhaupt. Allerdings auch das interressanteste! Die bekannte Zersplitterung des deutschen Gebietes durch Jahrhunderte hindurch, die Uneinheitlichkeit des Münzwesens und die Unzahl von Münzherren, kleinen Herzogs- und Fürstentümern, Stiften und Klöstern, Städten und den Münzen der Eroberer, Kriegsmünzen und Privatmünzen bilden tatsächlich ein Labyrinth für den Sammler. Ein kluger Sammler wird vor dieser Flut von Münzen jedoch nicht kapitulieren. Man muß ja nicht alles sammeln, sondern kann bescheiden seine Auswahl treffen. Dann ist es möglich, auch heute noch verhältnismäßig billig eine hübsche Sammlung alter deutscher Münzen zusammenzustellen. Das ist nicht nur eine Sache der Brieftasche,

---

Tafeln (Fortsetzung von S. 116) ▶

Außereuropäische Münzen:

119 Kalifat der Abbasiden, Harun-al-Raschid, 786—809, Dirham, 175 der Hedschra
120 Indien, Großmoguln, Aurangzib, 1659—1707, Gold-Mohur
121 China, Republik seit 1912, Gedenk-Dollar an Sun Yat-sen, 1912
122 Japan, Ansei-Epoche, 1854—1859, Gold-Ichibugim
123 Hongkong, Victoria, 1837—1901, 20 Cent, 1866
124 Singapore, Victoria, Trade-Dollar, 1898
125 Deutsch-Ostafrika, Kupfer-Paisa, 1890
126 Republik Mali, Aluminium-10-Mali-Franken, 1961
127 USA, Morgan-Dollar, 1889
128 USA, Kennedy-Halbdollar, 1964 (Fortsetzung S. 144)

119

120

121

122

123

124

126

125

125

127

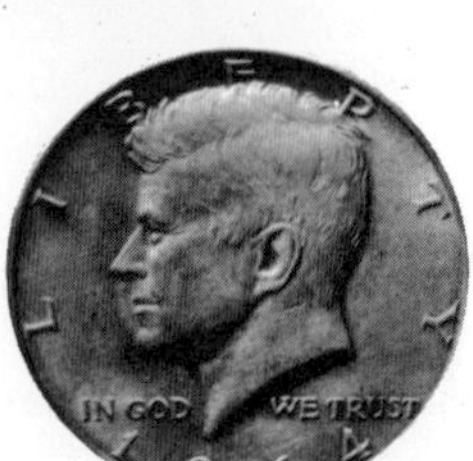

128

sondern auch der Klugheit und des Glücks. Ein kluger Sammler wird seine Freude an den ungewöhnlich hübschen Kupfermünzen aus dem 17., 18. und 19. Jahrhundert haben, die häufig vom künstlerischen Standpunkt aus ungemein interessant sind. Ihr künstlerischer Wert steht dem jener effektvollen und teuren Silbertaler in nichts nach.

Beim Zusammenstellen einer Münzsammlung kann man von verschiedenen Gesichtspunkten ausgehen. Am beliebtesten ist zweifellos der geographische Gesichtspunkt, der ja schließlich auch am logischsten ist. Man sammelt also die Münzen eines bestimmten Staates oder Gebietes, einer Stadt oder eines Herrschaftsbereiches. Etwa den Staat Baden oder das Gebiet Bodensee, die Stadt Hamburg oder das Herrschaftsgebiet Mansfeld.

Ein anderer Gesichtspunkt ist der historische, z. B. Münzen aus der Zeit des Dreißigjährigen Krieges, aus der Zeit der großen Inflation, europäische Münzen aus der Zeit Napoleons oder Renaissance-Münzen. Die Auswahl ist praktisch unbegrenzt; man kann auch Münzen aus der Regierungszeit eines einzigen Herrschers sammeln, z. B. Friedrichs des Großen. Interessant wäre auch eine Sammlung von Gedenkmünzen, die dann insgesamt einen zusammenhängenden historischen Überblick ergeben.

Von ganz anderen Gesichtspunkten gehen Sammler aus, die sich etwa nur auf Münzen mit einem bestimmten Motiv beschränken, etwa solche mit Frauenköpfen, mit Frisuren, mit Blumen, Gedenkmünzen an die Olympischen Spiele, Münzen mit den Porträts berühmter Persönlichkeiten usw. Auch eine Münzensammlung, die in groben Zügen den Ablauf der Weltgeschichte illustriert, ist sicherlich sehr schön und interessant. Eine Sammlung solcher Art besaß der vor einigen Jahren verstorbene Vorsitzende der Schweizer Numismatischen Gesellschaft Dr. August Voirol. Diese Sammlung ist durch den Auktionskatalog belegt, der anläßlich der

Versteigerung der Sammlung 1968 bei der Firma Münzen und Medaillen AG, Basel, herauskam. Dieser Katalog stellt auch an und für sich einen guten Behelf dar, wie man eine Sammlung dieses Typs aufbauen soll.
Eine andere recht verbreitete Möglichkeit ist das Sammeln von Münzen nach allen Jahrgängen der Prägung. Wenn man auch einer solchen Sammlung nicht eine gewisse Monotonie absprechen kann, hat sie doch einen unleugbaren Vorteil, nämlich die Möglichkeit, sie vollkommen zu komplettieren. Es ist dies nicht immer ganz leicht, denn in manchen Jahren wurden nur sehr wenige Münzen geprägt, da noch genug alte im Umlauf waren. Solche Jahrgänge sind dann sehr schwer aufzutreiben und werden teuer bezahlt. Ein Beispiel hierfür: Der 1/2 Dime (USA) aus dem Jahr 1802 kostete die Kleinigkeit von 2.500 Dollar, und der ganz gewöhnliche englische Penny des Jahrgangs 1951, von dem statt der üblichen 2 bis 3 Millionen nur 120.000 Stück geprägt wurden, wird in England für 10 Pfund Sterling verkauft. Ein Sammler nach Jahrgängen muß daher stets fleißig darauf bedacht sein, sofort alle neue Prägungen „seines" Landes zu erwerben, und möglichst schon im voraus Bescheid wissen, wann die Prägung herauskommt.

Ratschläge

Es heißt, daß die beste Art, auf Ratschläge zu reagieren, die ist, sie möglichst nicht zu befolgen. Nichtsdestoweniger erlaubt sich der Verfasser doch, einige ausdrückliche Ratschläge zu erteilen. Vor allem: trauen Sie niemals Ihrem bloßen Auge! Haben Sie stets eine Lupe bei sich, was immer Sie auch kaufen wollen! Abgebrochene Ösen (Henkel), die die Münze entwertet haben, werden oft fachgemäß und sehr gut repariert, ja so gut, daß man es mit unbewaffnetem Auge nicht erkennen kann. Bemühen Sie sich auch stets, ein gutes Stück gegen ein noch besseres einzutauschen, das bessere gegen ein ausgezeichnetes. Es sollten vor allem alle kleinen und neueren Münzen in tadellosem Zustand sein. Es ist ferner zu beachten, daß alle Münzen stets in ihrem Herkunftsland am teuersten sind. Das ist in Anbetracht dessen, daß die meisten Sammler die Münzen ihres Landes sammeln, durchaus begreiflich, da das Gesetz von Angebot und Nachfrage die Preise anhebt. Deutsche Münzen sollte man daher möglichst im Ausland kaufen und etwa französische Münzen überall auf der Welt, nur nicht in Frankreich. Diese Preisunterschiede sind recht wesentlich.

Wenn Sie eine hübsche Münzsammlung nicht nur verhältnismäßig rasch, sondern auch zu einem vernünftigen Preis zusammenstellen wollen, dann sammeln Sie niemals das, was alle andern sammeln! Davon gibt es dann nicht genug, und es ist natürlich teuer. Es gibt immer noch Gebiete der Münzkunde, die aus häufig unbegreiflichen Gründen nicht beliebt sind. Man kann vielleicht noch verstehen, daß es wenige Liebhaber orientalischer Münzen gibt, da diese schwer zu entziffern und einzuordnen sind, doch auch die Münzen der Balkanländer erfreuen sich keiner großen Beliebtheit, und die Münzen Lateinamerikas sammeln wenige. Eine interessante und im allgemeinen leicht zugängliche Gruppe bilden die Münzen der neuen Staaten in Afrika und Asien, die die oft sehr bewegten Geschicke dieser Länder meist getreu widerspiegeln. Wenn Sie mit Energie und wirklichem Interesse an die Sache herangehen, dann gibt es keine uninteressante Gruppe, man muß sie nur am richtigen Ende anpacken!

Und schließlich: Sammeln Sie leidenschaftlich, engagiert, eifrig, aber verfallen Sie nicht der Sammlerwut. Denn Sie sollen auf Ihrem Steckenpferd reiten, und nicht das Steckenpferd auf Ihnen!

ORIGINAL, KOPIE UND FÄLSCHUNG

Da die Nachfrage in den letzten Jahren sehr gestiegen ist, beginnt sich in der ganzen Welt ein fühlbarer Mangel an Münzen bemerkbar zu machen. Mit der Nachfrage steigt auch der Preis, und so wird das Risiko, an eine Fälschung zu geraten, immer größer. Individuen, die darauf aus sind, aus der Unwissenheit und Uninformiertheit ihrer Mitmenschen Kapital zu schlagen, hat es schon immer gegeben und wird es geben, solange die Welt besteht. Daß der Unternehmungsgeist dieser Glücksritter auch die Münzen nicht verschont, liegt auf der Hand, aber die Problematik der Falschmünzerei ist komplizierter, als allgemein angenommen wird.

Da die Münze als Zahlungsmittel diente und daher im landläufigen Sinne des Wortes Geld war, machten sich bald auch Fälscher ans Werk. Sie ahmten die Münzen natürlich nicht nach, um Sammler übers Ohr zu hauen, sondern um Zahlungsmittel für ihren eigenen Gebrauch zu gewinnen. Solche nachgemachten Münzen nennt man *Zeitfälschungen.*

Sie gehören in jede groß angelegte Sammlung, vor allem der Vergleichsmöglichkeit mit ihren echten Gegenstücken halber, und gestalten die Sammlung um einige Nuancen vielseitiger.

Fälschungen sind uns aus fast allen geschichtlichen Epochen bekannt. Es existieren z. B. Fälschungen von römischen Denaren und Sesterzien, die teilweise vom Staat selbst geprägt wurden, weil das knauserige römische Imperium die Barbaren nicht mit gutem Silber bezahlen mochte. Man überzog Kupfer- oder Bronzemünzen mit einer dünnen Silberschicht. Die lateinische Bezeichnung „subaerati“ verrät den Schwindel, denn unter dem Silber ist aes, also minderwertiges Metall. Das Mittelalter mit seinem Gewirr von Münzen und Münzstätten überliefert uns ebenfalls eine Menge meist plumper

Fälschungen in minderwertigem Metall, die gleichzeitig mit den echten Stücken im Umlauf waren. Auch Barock und Renaissance bildeten keine Ausnahme, aber die Blütezeit der Fälschungen war das 19. Jahrhundert. Trotz der hohen Strafen — in den meisten Ländern wurde Falschmünzerei mit dem Tode, bestenfalls mit lebenslänglicher Galeere oder lebenslänglichem Kerker bestraft — nahmen die Zahlen der Fälscher eher zu als ab.

Es gibt zwei Arten von Fälschungen: geschlagene und gegossene. Meist sind es gegossene, denn die Schwierigkeiten bei der Anfertigung von genauen Stempeln, später die maschinelle Technik und die Präzision bei der Erzeugung der Schrötlinge verhinderten eine allzu große Verbreitung geprägter Münzen. Das Gießen dagegen läßt sich auf die primitivste Art und Weise durchführen. Die Form wird durch zweimaliges Eindrücken (einmal Avers und einmal Revers) der echten Münze in die weiche Masse hergestellt, und dann werden die beiden abgedrückten Seiten zusammengeklebt. Die bei neueren Münzen übliche Rändelung macht der Fälscher mit der Hand. Die Lupe freilich entdeckt in den meisten Fällen den Haarstrich an der Kante, und damit ist alles klar.

Die Zusammensetzung des Metalls war nur annähernd echt, meist wurden die falschen Münzen in zwei Metallen gegossen — in Blei und Zinn. Selbstverständlich ahmte man vor allem Goldmünzen nach, wobei das gegossene Stück vergoldet wurde, und auch Silbermünzen in größeren Nennwerten, wobei man die Stücke schwach mit Silber überzog. Es gibt zwei Merkmale, durch die sich eine gegossene Falschmünze verrät: Gußstücke sind etwas kleiner als das Original, da die Menge des erkaltenden heißen Metalls schrumpft und somit der Durchmesser der Münze kleiner wird. Und: Ein gegossenes Stück erreicht niemals die Schärfe einer Originalprägung, die Konturen erscheinen etwas verschwommen,

die Flächen uneben und unrein, die ganze Münze wirkt weicher.
Bei geschlagenen Münzen gestaltet sich die Entdeckung einer Fälschung weitaus schwieriger, da sie sich auf den ersten Blick durch nichts von den Originalen unterscheiden. Hier können nur umfassende Fachkenntnisse helfen, denn auch diese Münzen entsprechen nicht voll und ganz dem Original. Die Gravierungen der Fälscher sind unbeholfener als die der professionellen Stempelschneider, und vor allem die Porträts, die manchmal fast wie Karikaturen der abgebildeten Personen wirken, lassen Stümper ahnen.
Auch haben Stücke, die Münzen aus Edelmetall vortäuschen, nicht das entsprechende Gewicht. Daher sollte der Sammler, besonders bei Goldstücken, das Gewicht der Originalmünze kennen. Fachliteratur, Verzeichnisse und Kataloge, besonders Museumskataloge, enthalten genaue Angaben und geben die nötigen Hinweise.
Falsche Sammelmünzen wurden zwischen den beiden Weltkriegen vor allem in Italien und Bulgarien im großen hergestellt, wo es sogar eine ganz ansehnliche Fabrik dafür gab. Irreführend sind gegenwärtig auch die österreichischen Viererdukaten, mit denen eine Privatfirma, die sie en gros erzeugt, den Markt überflutet. Es sind gekonnte Fälschungen, die sich äußerlich durch nichts von den in der österreichischen Münzstätte geprägten Originalen unterscheiden. Sie sind sogar aus Gold, und doch stimmt etwas nicht: Die Originale sind in 22karatigem Gold gemünzt, die Fälschungen nur in 14karatigem, so daß sie leichter im Gewicht sind. Beim Ankauf jener sonst recht beliebten Münzen ist also Vorsicht geboten. Es empfiehlt sich, sie lediglich in Banken und Geldanstalten zu kaufen, wo ihre Güte gewährleistet ist.
Wesentlich anders verhält es sich mit den *Kopien* der Münzen. Zunächst muß festgestellt werden, daß eine

Kopie ursprünglich niemals zu dem Zweck geschaffen wurde, ein Original vorzutäuschen, und daher auch als Kopie gekennzeichnet war. Kopien von Münzen sind verhältnismäßig selten, während es unter den Medaillen nicht nur Falsifikate, sondern auch Kopien in Hülle und Fülle gibt.

Wegen ihres jeden Zweifel ausschließenden Kunstwertes wurden meist antike Münzen kopiert. In Padua z. B. entstanden im 16. Jahrhundert große Mengen nachgebildeter römischer Sesterzien, oftmals mit fehlerlosen, der Antike entnommenen Umschriften und mit ausgezeichnet modellierten Porträts der römischen Kaiser. Obwohl man damals, im Zeitalter der Renaissance, antike Münzen leidenschaftlich zu sammeln begann, wurden diese Kopien keineswegs angefertigt, um die Sammler zu täuschen. Man nennt sie Paduaner, sie haben einen großen Sammlerwert und werden mit Recht zu den Renaissancemedaillen gezählt. Den Laien mögen sie täuschen, ein guter Bildkatalog wird ihm den Weg weisen, denn Münzen solcher Art wird er darin nicht finden.

Typische Kopien sind die bekannten Gipsabdrücke, die man in verschiedenen Museen auch heute noch zu Forschungszwecken herstellt. Sie wurden hier und da auch mit Farbe oder Kunstsilber überzogen. Da ihr Gewicht sehr gering ist, wird sich ein Sammler kaum von ihnen täuschen lassen. Zu den Kopien gehören auch die sogenannten *Galvanos*. Sie werden galvanoplastisch nach Originalen hergestellt und können durch künstliche Patina trügen. Sie gelten als Beispiele präziser Kopien, und der Sammler stößt ziemlich häufig auf sie. Auch die Galvanos erreichen nie die Schärfe des Originals. Der Fachmann erkennt sie daran, daß sie aus zwei Teilen zusammengefügt sind, und an ihrem niedrigen Gewicht. Sie sehen den echten Stücken zum Verwechseln ähnlich und können, wenn auch nicht ganz ohne Vorbehalt, unter der ihnen zukommenden Bezeichnung in eine

Sammlung eingeordnet werden, da es gewöhnlich Kopien sehr seltener Münzen und Medaillen sind. Darum sind die Galvanos regelmäßig auf großen Auktionen vertreten.

In jüngster Zeit gibt es zahlreiche Kopien, die auf dem Markt unumwunden als Kopien angeboten werden. In Annoncen wird dem Interessenten nahegelegt, diese oder jene Kopie einer Münze oder Medaille zu erwerben, deren Original das Ziel seiner Träume ist, das in seinen Besitz zu bringen er aber aus diesem oder jenem Grunde keine Aussicht hat. Solche Kopien sind an der Kante oder an anderer Stelle als Kopien gekennzeichnet und von guter Qualität. Ob sie in eine Sammlung gehören oder nicht, bleibt dem Ermessen des einzelnen überlassen. Ein anspruchsvoller Sammler wird sich lieber mit einer geringeren Stückzahl von Originalen begnügen und in dem Bewußtsein, lauter echte und über alle Zweifel erhabene historische Werte zu besitzen, auf die erwähnten „Raritäten" verzichten.

Auf die Frage, ob mit oder ohne Kopien, wollen wir gar

Tafeln (Fortsetzung von S. 134) ▶

Notmünzen:

129 *Irland, Token der Vereinigten irischen Bergwerke, Halbpenny, Kupfer, 1789*
130 *Frankreich, Stadt Besançon, 10 Centimes, Aluminium, 1917*
131 *Deutschland, Stadt Nürnberg, Zahlmarke der Straßenbahn Nürnberg—Fürth, Aluminium-20-Pfennig, 1920*
132 *Deutschland, Stadt Bonn, 50 Pfennig, Zink, 1920*
133 *Deutschland, Stadt Danzig, 10 Pfennig, Zink, 1920*

Weitere Abarten von Münzen:

134 *Inflationsmünze: Deutschland, Westfalen, 10.000 Mark, Legierung, mit dem Bildnis des Freiherrn vom Stein, 1923*
135 *Gefangenenlager: Deutschland, Marchtrenk, 10 Pfennig, Legierung, 1915*
136 *Porzellanmünze: Sachsen, 100-Mark-Gedenkmünze Heinrich der Löwe, 1923, Meißen* (Fortsetzung S. 176)

129

130

131

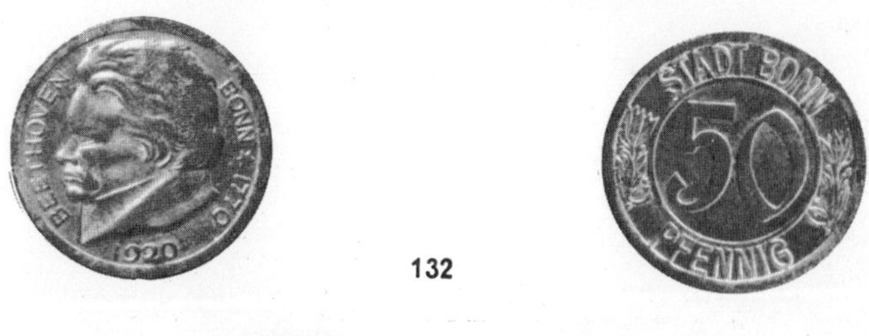

132

133

134

135

135

136

nicht erst eingehen, sie erinnert nur allzusehr an jene endlosen Debatten darüber, ob man die Reproduktion eines Bildes an die Wand hängen soll, dessen Original einem unerreichbar ist, oder ob man seinen Kunstsinn besser beweist, wenn man sich mit einem bescheideneren Original begnügt. Tatsache ist, daß wirklich große und schöne Sammlungen seit jeher auf Kopien verzichtet haben.

Die ganze Gruppe dieser nachgemachten oder verfälschten Münzen und der Kopien, seien es zweckdienliche oder mißbrauchte, die Sammler und Staat schädigen, sind ein sehr schlüpfriger Boden. Ein in Kupfer statt in Silber geprägter Taler kann sowohl eine Fälschung als auch eine Probeprägung (Essay) der Münzstätte in einem Erzmetall sein. Trifft das letztere zu, kann er einen höheren Wert haben als ein Serienstück in Edelmetall! Gußmünzen dagegen sind bis auf ganz wenige Ausnahmen (Not- und Belagerungsmünzen) beinahe immer Fälschungen.

Eine ganz besondere Spezialität sind die von der Firma Lauer in Nürnberg erzeugten Münzen, besonders österreichische (etwa seit Leopold I.), aber auch deutsche, italienische und französische. Handelt es sich um Taler, so sind sie aus Weißmetall geprägt und mit einem Henkel versehen. Nachahmungen von Goldmünzen haben oft kleine Löcher am Rand und sind aus Messing. Sie sind recht gut nachgebildet und waren für — Zigeuner bestimmt. Es war Sitte, das Hochzeitskleid einer Zigeunerbraut mit ihrer Mitgift, meist Goldmünzen, zu benähen. Sehr begehrt waren Türkentaler. Die Taler wurden auch oft an einer Schnur um den Hals getragen. Diesem Zweck diente der erwähnte Henkel.

Die Lauerschen Goldprägungen sind unschwer zu erkennen, weniger leicht dagegen die wohlgeprägten und mit ausgezeichneten Gravierungen versehenen Taler. Wenn der Henkel abgefeilt ist, können sie auch erfahrene Sammler täuschen. Glücklicherweise verrät sie ihr

Gewicht. Sie sind sehr leicht und auch etwas dünner als die echten Taler. Da sie in großer Zahl erhalten sind, „zieren" sie nicht wenige Sammlungen.
Eine eigene Gruppe von Münzen, die sich als Münzen ausgeben, von Rechts wegen aber zu den Kopien gehören, sind die Spielmarken, die seinerzeit sehr beliebt waren, heute aber am Aussterben sind. Ihre Glanzzeit war das Ende des 18. und der Anfang des 19. Jahrhunderts. Es sind Spielkarten- und Roulette-Marken (aber auch andere, besonders für Hasardspiele), die Münzen nachgebildet sind. Sie wurden meist als Miniaturmünzen und immer aus Erzmetallen geprägt, ausgenommen die Jetons der königlichen und fürstlichen Spielsäle, die auch aus Edelmetallen sein können. Sie unterscheiden sich von den Münzen, deren Nachahmungen sie sind, in allem und jedem: in Metall, Größe, Gewicht, Münzbild und auch in den Umschriften, die bewußte Fehler aufweisen, wie z. B. GREGORIUS anstatt GEORGIUS.

AUFBEWAHRUNG UND INSTANDHALTUNG DER MÜNZEN

Ein Gewirr von allen möglichen Münzen aus allen möglichen Zeiten und Metallen eine Sammlung zu nennen, kann einem vernünftigen Menschen wohl kaum zugemutet werden. Wie jede andere Sammlung erfordert auch eine Münzsammlung planmäßige Anordnung und sorgfältige Pflege. Für den Anfänger dürfte es sich in der ersten Zeit als vorteilhaft erweisen, die Münzen in kleinen quadratförmigen Umschlägen (Format ca. 6 cm × 6 cm) aufzubewahren, in denen auch höhere Nominalwerte, und somit auch große Münzen, z. B. Taler, Platz finden. Auf den Umschlag kommt eine genaue Beschreibung der Münze. In der Numismatik gilt dafür ein eigenes, in der ganzen Welt anerkanntes Svstem; ein Beispiel:

Bezeichnung des Staates	*Sachsen*
evtl. Stammbaum des Herrschers	*Albertinische Linie*
Name des Herrschers	*Friedrich August III.*
Regierungszeit	*1763–1827*
Münzstätte	*Dresden*
Münzmeisterzeichen	*E. D. C.*
Münzmeister	*Ernst Dietrich Croll*
Amtsdauer des Münzmeisters	*1753–1764*
Art des Metalls	*AR*
Nennwert der Münze, Jahrgang	*2/3 Taler 1764*

Für die Bezeichnung des Metalls werden die chemischen Abkürzungen verwendet wie AU für Gold, AR für Silber, Cu für Kupfer, Fe für Eisen, Pb für Blei, Sn für Zinn und Ni für Nickel. Eine Ausnahme bildet die Abkürzung für Bronze, AE (von dem lateinischen aes, aus dem das deutsche Wort Erz entstand). Legierungen können entweder auf dieselbe Weise nach ihren Metallen bezeichnet werden, z. B. Cu-Ni für Kupfernickel, oder direkt mit dem Namen der Legierung.
Die Umschläge kann man in einer passenden Schachtel hintereinanderreihen, und zwar nach den einzelnen Ländern, chronologisch und von den höheren Nennwerten zu den niedrigeren: Taler, Halbtaler, Vierteltaler, Zwanziger, Zehner usw. Aber Vorsicht! Chronologisch heißt nicht unlogisch. Haben wir z. B. von demselben Herrscher aus derselben Münzstätte einen Taler (1755), einen Halbtaler (1753) und einen Zwanziger (1751), dann werden wir diese Münzen folgerichtig nach ihren Nennwerten einreihen. Das System, nach dem die Münzen anzuordnen sind, beruht nicht auf starren Gesetzmäßigkeiten, sondern verlangt von dem

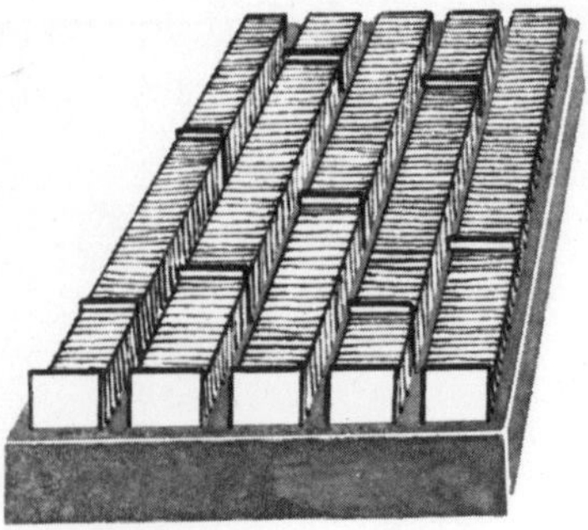

Anordnung der Münzsammlung in Hüllen

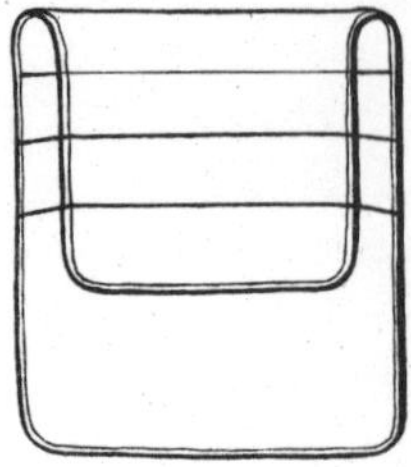

Münzhülle aus Plastik

Sammler logisches Denken und Überlegung. Ein guter Katalog wird ihm ein verläßlicher Wegweiser sein.
Die Papierumschläge haben leider den Nachteil, daß die Münzen von außen nicht sichtbar sind, so daß bei Bedarf jede einzelne Münze herausgenommen werden muß. Daher verwenden viele Sammler lieber durchsichtige Plastiksäckchen. Aber auch die sind nicht ideal: Es ist kaum möglich, etwas darauf zu schreiben. Dem läßt sich abhelfen, wenn man in die Säckchen ein gleich großes Blatt Papier mit der Beschreibung der Münze legt.
Fortgeschrittenere Sammler werden sich lieber Münztafeln anfertigen oder kaufen. Diese können aus verschiedenem Material, meist aus leichtem Holz oder Pappe, sein und werden in verschieden große Felder geteilt. Gewöhnlich sind auf ein und derselben Tafel die Felder gleichgroß, aber es gibt auch Tafeln mit verschieden großen Feldern, damit man auf ihnen aus der gleichen Zeit stammende, aber verschieden große Münzen unterbringen kann. Es ist auch hier sehr empfehlenswert, unter die Münzen ein Blatt Papier in der Größe der Tafel mit der Beschreibung zu legen. Im Gegensatz zu undurchsichtigen Säckchen können auf der Rückseite des beschriebenen Papiers noch weitere Einzelheiten angeführt werden, für die es keine feste Norm gibt.

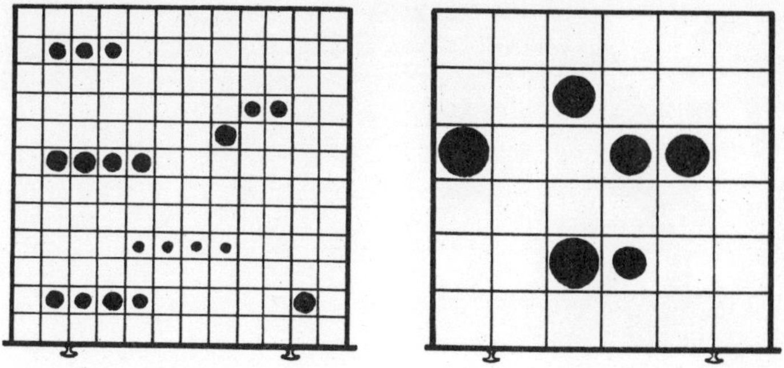

Anordnung der Münzsammlung auf Tafeln

Gewöhnlich wird geschrieben (Beispiel):

Literatur	*Katalog Craig No. 117*
Kaufort	*München, Auktion Kress*
Datum	*15. II. 1970*
Preis	*25,– DM*

Eine ideale Aufbewahrungsmöglichkeit bietet ein Münzschrank. Derartige Schränke werden in verschiedenen Größen hergestellt. Es gibt kleine Schränkchen, die man auf den Tisch stellen kann und in denen doppelreihig meist fünf Schiebetäfelchen angebracht sind, aber auch mittelgroße, solide gebaute Schränke, deren zweireihige Schiebetafeln (bis zu vierzig an der Zahl) eine Sammlung von mehreren tausend einzelnen Münzen aufnehmen können.
Sind die Münzen auf Tafeln angeordnet, kann man in ein Feld natürlich auch mehrere Münzen derselben Emission legen, was besonders bei Kleinmünzen raumsparend ist. Auf diese Weise werden meist Pfennig- und Kreuzerkupfermünzen konzentriert. Die Beschreibung muß dann natürlich dieser Anordnung Rechnung tragen.
Heutzutage ist auch das Einordnen von Münzen in

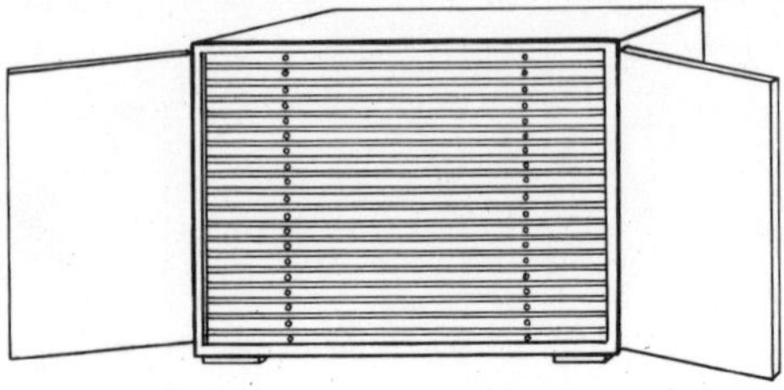

Tischschränkchen für Münzen

Münzalben beliebt. Das sind Plastikmappen mit zehn bis zwölf durchsichtigen Blättern (ebenfalls aus Plastik). Die Blätter sind in Münzfelder mit deren Größe entsprechenden, herausziehbaren Täschchen zum Einlegen der Münzen geteilt. Man kann Blätter mit verschieden großen Feldern kaufen. Diese Alben haben den Vorteil, daß sie die Münzen zuverlässig vor Witterungseinflüssen und mechanischen Beschädigungen schützen. Etwas schwierig gestaltet sich die Beschreibung unter den Münzen, aber darüber darf ein weiterer Vorteil nicht vergessen werden: Die Stücke sind, wie in durchsichtigen Umschlägen, von beiden Seiten gut sichtbar.
Unpraktisch ist das zeitraubende Umordnen vieler Stücke beim Komplettieren der Sammlung, was bei den frei liegenden Münzen ein leichtes ist. Andererseits ist aber die Zweckmäßigkeit solcher Alben in räumlicher Hinsicht sehr vorteilhaft. Man kann sie wie Bücherbände in den Bücherschrank stellen, wo sie nicht auffallen und wenig Platz beanspruchen. Weiter sei noch bemerkt, daß die Münzalben sich am besten zum Sammeln neuerer und neuer Münzen eignen. Besonders geschätzt werden sie von Sammlern, die sich auf Jahrgänge spezialisieren. In diesem Fall lassen sie einfach die Felder der Jahrgänge, die sie noch nicht besitzen, frei.

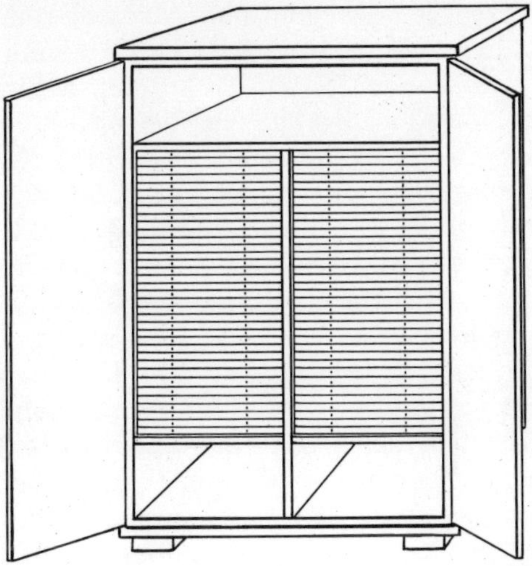

Großer Münzenschrank

In jüngster Zeit gibt es auch Münzalben mit Vordruck, bei denen unter jedem durchsichtigen Plastikblatt noch ein Kartontäfelchen mit den gedruckten Nennwerten der Münzen und oft auch mit deren Abbildungen liegt. Manchmal sind diese Angaben in Schwarz oder Gold direkt auf die durchsichtige Folie gedruckt. Diese Alben stehen den Markenalben, denen sie auch äußerlich ähnlich sehen, am nächsten. Sie eignen sich natürlich nur für eine Sammlung von Münzen bestimmter, im vorhinein festgelegter Spezialgebiete. Eine bequeme, aber für erfinderische und eine möglichst vollkommene Münzensammlung anstrebende Sammler unbefriedigende Lösung.

Diese Alben sind natürlich auch nur für Münzen aus der nicht allzuweit zurückliegenden Vergangenheit bestimmt (z. B. Großbritannien, sämtliche Münzen der

Königin Viktoria oder deutsche Münzen seit 1871 in sieben Bänden, wie sie in der BRD die Firma FRILU anbietet). Ein solider Sammler antiker Münzen oder einer, der deutsche Brakteaten bevorzugt, wird die Möglichkeit, seine Sammlung in einem Vordruck-Album unterzubringen, gar nicht erst in Betracht ziehen. Die Gesamtgestaltung einer Sammlung ist Sache jedes einzelnen. So ist wohl auch schwer zu entscheiden, ob die Angaben mit der Hand oder mit Maschinenschrift unter die Münze geschrieben werden sollen. Die Antwort wird von der Gefälligkeit und Leserlichkeit der Handschrift abhängen. Maschinengeschriebene Angaben wirken einheitlicher und rufen besonders bei kleinen Typen (Perlschrift) keine störende Nebenwirkung hervor. Es ist auch möglich, die Angaben unter der Münze mit einem zweiten, unbeschriebenen Blatt zu verdecken. So wird sie durch ihre Unterlage in keiner Weise beeinträchtigt.

Wissenschaftlicher und systematischer veranlagte Sammler werden einer sichtbaren Beschreibung den Vorzug geben, die ja auch eine schnellere Orientierung ermöglicht. Eine gefällig gestaltete Sammlung wirkt höchst ästhetisch und wird die meisten Betrachter davon überzeugen, daß Münzen im Grunde genommen Kleinplastiken von großem künstlerischen Wert sind.

Was der Sammler sonst noch an Requisiten braucht, ist nicht viel. Gute Dienste leistet eine Münzpinzette, und zwar besonders für Kleinmünzen. An jeder Hand, mag sie auch noch so gründlich gewaschen sein, haften Schweißspuren. Schweiß wirkt ätzend auf Münzen und kann besonders Stücke mit polierten Oberflächen (Platte) gefährden. Auch eine gute Lupe gehört zu den unerläßlichen Hilfsmitteln eines Sammlers. Erstens zeigt sie den Erhaltungsgrad eines Stückes, indem sie z. B. winzige Kratzer sichtbar macht, und zweitens ist es beinahe ein Ding der Unmöglichkeit, Münzen mit dem bloßen Auge zu bestimmen. Die Abkürzungen der Umschrift auf römischen Denaren, die winzigen Zeichen der Münzstätten und Münzmeister und die verstümmelte Schrift der mittelalterlichen Denare zu enträtseln, ist ohne Lupe undenkbar. Jeder Sammler sollte sich auch eine kleine Münzwaage mit einer Präzision von 0,1 g zulegen, was sich besonders bei Goldprägungen und Fälschungen lohnt, wo sie absolut zuverlässig Gewichtsverringerungen und falsche Metalle anzeigt.

Reinigung der Münzen

Das nun folgende Kapitel sollte man eigentlich in Rotbuchstaben drucken. Es wird darin gezeigt, wie die Münzen zu reinigen sind. Unfachgemäßes und primitives Reinigen war früher – und ist auch heute noch – die Ursache großer, nicht gutzumachender Schäden. Mancher Sammler hat erlebt, daß ihm jemand vom Großvater geerbte Bronze- und Kupfermünzen widmete. Und weil die geschenkten Dinger gar so unansehlich aussahen, ging man und schrubbte sie so lange mit Sidol, bis sie in Goldglanz erstrahlten. Aber statt zu frohlocken, jammerten die Plättchen, daß sie ihrer Patina beraubt worden seien, mit deren Hilfe sie ihre alte Abstammung nachweisen konnten. Und so sei denn gleich eingangs betont, daß Patina und Abnützungsspuren nicht beseitigt werden dürfen.

Noch heute gelten als beste und zuverlässigste Reinigungsmittel für Münzen lauwarmes Wasser, eine längere Zeit gebrauchte Zahnbürste und ein Stück nicht zu scharfer Seife. Nach längerem Weichen läßt sich der eingefressene Schmutz entfernen, aber man hüte sich, allzu starken Druck auszuüben! Nach dem Waschen wird die Münze sorgfältig abgetrocknet. Auch hierbei muß man behutsam vorgehen. Zu kräftiges Reiben mit rauhem Material, wie z. B. Frottee, ist zu vermeiden. Eine römische

Bronzemünze kann durch Frottieren fast wertlos gemacht werden. — Im folgenden wollen wir uns mit dem Reinigen der Münzen systematisch, d. h. den einzelnen Metallen nach, befassen:

Gold: Ein Metall, das bekanntlich schwer oxydiert. Den Schmutz ausschließlich mit warmem Wasser — ohne zusätzliches Reinigungsmittel — entfernen. Nicht reiben! Aufdringlicher Glanz setzt den Wert der Münze herab! Achtung vor Anschlagen, Gold ist ziemlich weich und stoßempfindlich. Das Gesagte gilt auch für die ganz seltenen Platinmünzen.

Silber: Das bedeutendste Münzmetall. Mit der Zeit wird es schwarz, da sich Schwefelsilber ansetzt. Sehr schwarze Münzen legen wir etwa drei Wochen in eine zehnprozentige Zitronensäurelösung, die in jeder Drogerie erhältlich ist. Die Lösung wird mindestens jeden dritten Tag erneuert und die Münzen müssen, besonders wenn man mehrere auf einmal reinigt, regelmäßig bewegt werden. Ähnlich wie Zitronensäure wirkt auch Salmiakgeist, der ebenfalls verdünnt werden muß. Da er scharf riecht, zu Husten reizt und die Augen tränen macht, wird er als Reinigungsmittel verhältnismäßig selten verwendet.
Man beachte: Bei Kleinmünzen, die oft nur 50 % Silber enthalten, besonders bei Münzen aus dem vorigen Jahrhundert, läßt sich auf keine Weise „Silberglanz" erzielen, da ihnen in hohem Maße Erzmetalle, besonders Kupfer beigesetzt sind.
Schließlich wäre noch ein ziemlich unbekanntes Verfahren zu erwähnen, das sich jedoch ausnahmslos nur für Münzen neueren und neuen Datums eignet, da es den Münzen die Patina nimmt und ihnen das Aussehen eines eben aus der Münzstätte kommenden Stückes gibt. Daher bitte nur nach reiflicher Überlegung anwenden und nur bei Münzen, die eine derart radikale Behand-

lung vertragen! In der Drogerie oder Apotheke kauft man gewöhnliche Speisesoda (Soda bicarbonat), die man unter Hinzugabe von Wasser und denaturiertem Spiritus (1 : 1) zu einem Brei verrührt. In diesem wird die Münze leicht zwischen den Fingern gerieben. In einigen Augenblicken gewinnt sie Glanz und sieht wie neu aus. Danach wäscht man sie in lauem Wasser gründlich ab und reibt sie trocken.
Dieses Verfahren hat den Vorteil, daß es auf der Münze eine unmerkliche Schutzschicht hinterläßt, die sie ziemlich lange vor erneuter Oxydierung durch Luft und Feuchtigkeit bewahrt. Ein grundsätzlicher Fehler ist es, zum Reinigen der Münzen die üblichen Silberputzmittel — Pulver oder mit verschiedenen Chemikalien durchsetzte Watte zu verwenden. Was für Tafelsilber gut ist, das durch derartige Prozeduren fast weiß wird und Spiegelglanz erhält, das darf für Münzen gar nicht erst in Erwägung gezogen werden.
Hochglanz bedeutet schon an sich die Entwertung einer Münze, die nach dem Prägen — die angeführten Prägungen mit polierter Platte ausgenommen — einen viel matteren Glanz gezeigt hat. Auf Hochglanz polierte Münzen werden überall in der Welt in den Katalogen und auf Auktionen als „geglättet“ angeführt und erzielen natürlich weniger hohe Preise als untadelige Stücke. Es gibt kein Verfahren, diesen künstlich erzeugten Glanz von den Münzen wieder zu entfernen.

Bronze, Kupfer: Hier wird es schon schwieriger. Grundsätzlich kann dem Sammler, soweit er nicht gründliche Kenntnisse in Chemie besitzt, nur empfohlen werden, sich nicht auf Experimente einzulassen, die meistens die Entwertung der Münze oder zumindest den Verlust ihrer Patina zur Folge haben.
Es gibt zweierlei Patina. Die eine bildet sich nach langer Zeit vor allem an Bronzemünzen und wird zu ihrem festen Bestandteil, während die andere, Grünspan ge-

nannt, nur einen schwammartigen Überzug bildet, der entfernt werden muß. Gerade eine schöne Patina, mag sie nun braun, braunrot oder grün sein (je nach der Zusammensetzung der Metalle und der Bodenbeschaffenheit) verleiht den antiken Münzen einen gewissen Sonderwert, der sich stets auch preisbestimmend auswirkt. Patina kann zwar auch künstlich auf chemischem Wege erzeugt werden, aber dann ist sie nicht beständig und hat auch meist einen anderen Farbton als die natürliche. Nur ein unverbesserlicher Optimist kann damit rechnen, daß er auf einer „sauber" gewaschenen, wie Gold glänzenden Bronzemünze eines Tages eine neue Patina sehen wird. Da könnte er jahrhundertelang warten! Der weiche Grünspan und der Schmutz an Bronze- und Kupfermünzen wird am besten nur mit warmem Wasser und einem Bürstchen entfernt.

Wenn es unbedingt sein muß und die Münze allzu dick mit Grünspan bedeckt ist, kann man ihn auch verhältnismäßig leicht mit einem kaum merklich angefetteten Wattebäuschchen beseitigen. Es genügt eine mikroskopische Dosis von Fett, am besten eignet sich Tierfett. Dies alte Rezept gilt auch heute noch als unübertroffen. Es gibt freilich auch chemische Lösungsmittel, aber ihre Anwendung ist gefährlich, und die Schäden sind dann nicht wiedergutzumachen. Es kann nicht nachdrücklich genug betont werden: Das beste Reinigungsmittel ist und bleibt warmes Wasser!

Zinn: Ein ziemlich widerstandsfähiges, wenn auch weiches Metall, an dem außer Schmutz nichts haftet. Auch hier genügt Wasser. Manchmal zeigen sich auf dem Zinn unregelmäßige weißliche Flecken, die an den Rändern dunkler werden und die von einer Krankheit des Zinns, der sogenannten Zinnpest herrühren. Hier ist Abhilfe kaum möglich. Man kann die Münze in einer schwachen Salzsäurelösung (Salzsäure mit Wasser verdünnen) auskochen. Die Flecken bleiben, breiten

sich aber eine Zeitlang nicht weiter aus. Und selbst wenn es gelingt, das weiße Pulver zu beseitigen, bleiben auf der Münze tief eingefressene Stellen, gegen die sich nichts tun läßt.
Die Zinnpest ist ansteckend und bedroht alle anderen Stücke in ihrer Nähe. Daher ist es ratsam, die „kranke" Münze von den übrigen abzusondern oder sie in einer Plastikhülle zu isolieren, die fest zugeklebt werden muß. Glücklicherweise tritt diese Krankheit ziemlich selten auf. Die Zahl der Zinnmünzen ist gering, sie sind sehr begehrt, aber für einigermaßen gut situierte Sammler nicht unerschwinglich.

Blei: Ein für die Münzprägung nur selten verwendetes Metall, wenn nicht mit anderen Metallen legiert, zu weich und überdies giftig. Mit der Zeit färbt es sich dunkel, sonst ist es keiner erwähnenswerten Oxydierung ausgesetzt. Es genügt wiederum einfaches Waschen in warmem Wasser. Der Sammler wird mit Bleimünzen praktisch kaum je in Berührung kommen.

Eisen: Eisenmünzen gibt es genügend, meist sind sie neueren Datums. Eisen ist das typische Material der Notprägungen. Die deutschen Notmünzen aus dem ersten Weltkrieg sind aus Eisen, ebenso die österreichischen Spät-Kleinprägungen. Eisenmünzen rosten oft. Man kann die Rostflecke mit einem beliebigen Eisen-Reinigungsmittel entfernen, das jedoch in kleinstmöglicher Menge mit größtmöglicher Sorgfalt angewendet werden muß. Dunkle rostfreie Eisenmünzen sollten nie bis zum Hochglanz von Neueisen gereinigt werden, denn auch sie haben bereits ihre Patina. Es genügt vollauf, den Schmutz zu entfernen und leicht nachzupolieren. Es gibt auch Stahlmünzen, die jedoch überwiegend rostfrei sind und sich durch kräftigeres Abreiben mit einem Lappen mühelos reinigen lassen.

Nickel: Nickel und seine Legierungen sind das beliebteste Metall der neueren Münzen. Es ist verhältnismäßig hart und sehr dauerhaft, es oxydiert nicht, dunkelt kaum nach, wird manchmal auch gelblich. Von Nickelmünzen entfernen wir zunächst mit Wasser den fettigen Schmutz, dann reiben wir die Münze energisch mit einem rauheren Lappen ab. Ein Nickelstück gewinnt nicht so leicht Glanz, was uns allerdings nicht dazu verleiten soll, durch endloses Reiben den Hochglanz aus ihm buchstäblich herauszuschinden. Die neueren Nickelmünzen werden uns keine große Mühe machen.

Aluminium: Ein bei ärmeren Staaten beliebtes Metall für die niedrigsten Währungsnennwerte. Weniger beliebt sind die Aluminiummünzen bei der Bevölkerung und bei den Sammlern. Aluminium ist ein relativ weiches Metall, es nützt sich rasch ab, wodurch die Prägung bald ihre Schärfe einbüßt. Außerdem bleibt an Aluminiummünzen gern fettiger Schmutz haften. Zur Reinigung empfiehlt sich warmes Wasser und viel Seife, besonders kalihaltige. Nach dem Waschen wird die Münze vorsichtig trocken gerieben, denn Aluminium bekommt leicht einen unerwünschten Glanz. Außerdem muß zu starkes Reiben deshalb vermieden werden, weil ja das Metall sehr weich ist. Der Sammler reiht umlaufende Aluminiummünzen wegen ihrer minderen Qualität nur selten in seine Sammlung ein. Wenn er die Möglichkeit hat, kauft er lieber prägefrische Münzen direkt in der Münzanstalt oder in einer Bank. Es handelt sich fast ausnahmslos um billige Münzen.

Zink: Ein unansehnliches Metall ohne erwähnenswerte Eigenschaften. Aus Zink wurden die meisten Not- und Inflationsmünzen geprägt, weil dieses Metall für die Kriegsindustrie fast wertlos ist. Daher sind auch die während des zweiten Weltkrieges geprägten deutschen Münzen (Kriegs-Notmünzen) und die der von Deutsch-

land besetzten Länder aus Zink. Oft bilden sich schon während des Prägens kleine Flecke, außerdem werden die Münzen schwarz und verlieren noch den letzten Rest von Anziehungskraft, mit der es nicht einmal, als sie die Münzanstalt verließen, weit her war.
Das Reinigen ist nicht ganz leicht, am besten hat sich kräftigeres trockenes Reiben bewährt, eventuell, aber das nur im äußersten Fall, mit einem Bürstchen aus feinem Kupferdraht, wie es zum Reinigen von Wildleder verwendet wird. Trotz des oben Gesagten sind die Zinkprägungen nicht ganz uninteressant. Es gibt viele Zinkmünzen, die besonders Sammler neuerer Prägungen gern in ihre Kollektion aufnehmen. Alte Zinkmünzen existieren nicht.

Legierungen: Nahezu eine jede Münze ist aus einer Legierung geprägt, da die klassischen Münzmetalle in ihrem Reinzustand zu weich sind. So setzt man auch Gold, das in relativ reiner Form geprägt wird, ein bestimmtes Quantum anderer Metalle zu, um es zu härten. Silber wird aus dem gleichem Grund in variablem Verhältnis mit Kupfer, Nickel, Zink und Chrom legiert. Der Feingehalt (Korn) von Gold- und Silbermünzen wird in Tausendsteln angegeben. Bei Gold ist das übliche Verhältnis 950/1000, bei Silber schwankt der Feingehalt. Die alten guten Münzen des 19. Jahrhunderts wurden meist aus Silber mit dem Feingehalt von 900 oder 850/1000 geprägt. Viele neuere Silbermünzen tragen diese Bezeichnung eigentlich zu Unrecht, weil sie nur im Verhältnis 500/1000 geprägt sind.
Infolge ökonomischer Schwierigkeiten oder bei zu starkem Anheben des Preises von Edelmetall setzt der Staat manchmal selbst den Feingehalt einer Münze herab. So devalvierte Großbritannien in den zwanziger Jahren seine Silbermünzen niederer Nennwerte von ursprünglich 800/1000 auf 500/1000. Ebenso sind viele Gedenk-Großprägungen der Gegenwart nur aus Metall

mit einem Feinheitsgrad von 500/1000 erschienen. Zu den Legierungen gehört auch Bronze (Kupfer und Zinn), Goldbronze (Kupfer, Zinn und Zink) und Kupronickel, aus dem die meisten neueren Münzen aller Nennwerte geprägt sind. Außerdem gibt es noch eine Menge weiterer für die Münzprägung verwendeter Legierungen, die hier nicht alle aufgezählt werden können. Zu erwähnen wäre nur noch Messing (Kupfer und Zink), das schon die alten Römer manchmal als Münzmetall benutzten. Später verwendete man es zu diesem Zwecke erst wieder im 18. Jahrhundert. Es erfreute sich großer Beliebtheit, weil es dem Gold ähnelt.
Die meisten neueren aus Legierungen hergestellten Münzen sind leicht zu reinigen. Abwaschen und Trockenreiben genügt. Messing wird meist schwärzlich und darf, ebenso wie Bronze, nicht chemisch gereinigt werden. Es bekommt leicht Hochglanz, daher ist beim Reiben Vorsicht geboten.
Vielleicht geschieht einmal ein Wunder, und es kommt Ihnen direkt vom Fundort weg eine antike Münze — meist ein formloses Klümpchen einer undefinierbaren, sehr harten Masse — in die Hand. Sollten Sie dem Konservator ins Handwerk pfuschen wollen, dann entfernen Sie die steinharte Erd- und Sandschicht sehr behutsam mit einer Zahnbürste, in hartnäckigen Fällen mit einem Bürstchen aus ganz feinem Metalldraht. Sandkörnchen, die sich auf diese Weise nicht von der Münze lösen lassen, können Sie vorsichtig mit einer Nadel mit abgebrochener Spitze wegkratzen. Eine sehr mühsame Arbeit, die unter der Lupe ausgeführt werden muß und viel Zeit und Sorgfalt erfordert.
Gehen Sie auch mit Brakteaten behutsam um, denn sie sind aus sehr dünnem Silberblech geprägt, oft bis zehn Stück auf einen Schlag, und brechen daher leicht. Durch Bruchstellen, die meist an den Rändern entstehen, ist die Münze stark entwertet. Ein angebrochener Brakteat gehört keinesfalls in eine gute Sammlung. Das Reinigen

dieser heiklen Münze erfordert viel Sorgfalt und eine leichte Hand, denn es darf, besonders beim Abtrocknen, kein Druck ausgeübt werden. Im übrigen gilt für Brakteaten dasselbe wie für alle anderen Silbermünzen.

Aufbewahrung der Sammlung

Die Sammlung sollte vor allem an einem trockenen Ort aufbewahrt werden. Hoher Feuchtigkeitsgehalt der Luft bewirkt ein schnelles Schwarzwerden der Münzen, besonders wenn sie frei in Münzschränken liegen. Sie müssen dann immer wieder gereinigt werden, was ihnen natürlich keineswegs zuträglich ist. Die Sammlung sollte auch nicht in zu großer Nähe von Wärmespendern, einschließlich Zentral- und Fernheizung, untergebracht werden, denn übermäßige Wärme beschleunigt ebenfalls das Schwarzwerden aller Metalle. Außerdem kann sie, genauso wie Feuchtigkeit, chemische Veränderungen im Holz des Münzschrankes hervorrufen, die sich dann in Form von schwer zu beseitigenden Gerbsäureflecken auf die Münzen übertragen. Kleinere Temperaturschwankungen, wie sie etwa der Jahreszeitenwechsel mit sich bringt, spielen bei sonst trockener Luft eine untergeordnete Rolle.
Über Mittel, die Münzen vor Oxydierung schützen, wurde schon viel geschrieben, und jeder Sammler muß selbst entscheiden, ob er dieses oder jenes anwenden will oder nicht. Es gibt zum Beispiel verschiedene Lacke, mit denen die Münzen bestrichen werden können. Der Lack soll vollkommen rein und glanzlos sein und darf nicht ätzend wirken. Früher verwendete man besonders den sogenannten Zamponlack oder verschiedene japanische Lacke, die, mit Spiritus oder Äther verdünnt, sehr sparsam auf die Münze gestrichen wurden. Nach Ansicht des Autors sollten Münzen jedoch überhaupt nicht

lackiert werden. Fast jeder Lack verändert mit der Zeit seine Beschaffenheit, meist wird er gelb und nimmt einen aufdringlichen Glanz an. Er läßt sich nur sehr schwer wieder entfernen, da man kein radikales Mittel anwenden darf, durch dessen Einwirkung das Münzmetall oder seine Patina beschädigt werden könnte.

Der Katalog des Sammlers

Selbst wenn Sie über ein ausgezeichnetes Gedächtnis verfügen, wird es Ihnen mit der Zeit kaum möglich sein, alle Ihre Münzen und deren Münzstätten, Münzmeister, Jahrgänge und Varianten im Kopf zu behalten und außerdem noch den Erhaltungsgrad, der ebenfalls sehr wichtig ist. Als Gedächtnisstütze für den Sammler neuerer Münzen sind detaillierte, nach Staaten zusammengestellte Münzkataloge zu empfehlen, die auf dem Markt in genügender Menge angeboten werden, wie z. B. die in Deutschland beliebten Dietzel-Kataloge, die außer sämtlichen Prägungen auch alle Jahrgänge anführen und in handlichem Taschenformat erscheinen. Hier hat der Sammler leichte Arbeit: Er kauft sich einen solchen Katalog und hakt die Münzen, die er besitzt, und die sich darauf beziehenden Anmerkungen einfach an. Weniger einfach ist es mit den älteren Münzen. Für die gibt es einen einzigen guten Gesamtkatalog, und zwar Craig, der sich auf die Zeit zwischen 1750 und 1850 bezieht und in englischer Sprache abgefaßt ist.
Am besten wird Ihrem Gedächtnis aber ein eigenhändig geschriebener Katalog nachhelfen. Es empfiehlt sich, ihn auf Einzelblätter zu schreiben, die sich, in einem Ringbuch geordnet, beliebig ergänzen oder auswechseln lassen und auf denen man auch Privatangaben wie Erhaltungsgrad oder Einkaufspreis der Münze vermerken kann. Ein solcher Katalog wird Ihnen bei weiterem Erwerb von Münzen unschätzbare Dienste erweisen.

Bei größeren Sammlungen wird außerdem noch ein Katalog für die Neuerwerbungen geführt. Unter jeder Stücknummer sind ohne Rücksicht auf die Einreihung der Münzen in die Sammlung Ort, Umstände und Preis der hinzukommenden Münzen angeführt. Die Eintragungen in einem solchen Katalog erhalten wissenschaftlichen Wert, wenn sie Stücke aus einem Münzfund betreffen.

Die Angaben unter den einzelnen Nummern decken sich mit den Anmerkungen auf der Rückseite der Münzschildchen, von denen bereits die Rede war. Solche Vermerke ermöglichen es, der Münze auf ihrem oft langen und abenteuerlichen Weg durch verschiedene Sammlungen nachzuspüren. Daher führen auch die Auktionskataloge der ganzen Welt die Herkunft der Münzen aus berühmten Sammlungen an und zeigen, wie die Münze von einem Ort zum anderen gewandert ist. Allgemein üblich ist dies bei seltenen und teuren Stücken, die aus hervorragenden Sammlungen stammen und deren Wert sich durch diesen Stammbaum, Pedigree genannt, der oft die Echtheit der Münzen nachweist und auch historisch aufschlußreich ist, noch erhöht. Bei Fundstücken haben genaue Angaben über Provenienz und Fundort nicht selten zur Auffindung bisher unentdeckter Teile eines Schatzes geführt.

Republik Österreich, Gedenkmünze Andreas Hofer, 50 Schilling, 1959

ENTSTEHUNG UND SCHICKSALE VON SAMMLUNGEN, BERÜHMTE SAMMLER

Erhaltene römische Quellen besagen, daß bereits die römischen Kaiser Münzen sammelten, und zwar griechische Prägungen, deren Schönheit der Bewunderung der Römer für die griechische Kunst entgegenkam, und Prägungen ihrer Vorgänger mit historischen Motiven. Die Kaiser verliehen oft wertvolle Münzen als Ehrengaben und ließen sogar einige schöne Stücke der Vergangenheit nachmünzen. Solche Prägungen tragen die Bemerkung REST (restitutio = Erneuerung). Wir kennen eine ganze Reihe.

Eine gewaltige Wiedergeburt der Sammlertätigkeit begann erst in der Renaissance. Zu jener Zeit entstanden an den Höfen der Könige und Fürsten sogenannte „Kuriositäten-Kammern". Es waren Sammlungen oder vielmehr Anhäufungen verschiedenartigster Dinge, sowohl besonderer Naturmerkwürdigkeiten, die oft sehr sonderbar waren und dem Zeitgeist entgegenkamen (zweiköpfige Mißgeburten, Alraunwurzeln, Greifen-, Straußeneier usw.), als auch historischer Kunstwerke und Denkwürdigkeiten, zu denen auch Münzen gehörten. Ähnliche Kammern richteten bald auch der niedere Adel oder sehr reiche Privatpersonen ein, wie in Deutschland das Kaufherrengeschlecht der Fugger. In der zweiten Hälfte des 16. Jahrhunderts gab es bereits überall viele Sammler. Davon legt ein Bericht des Würzburger Malers Hubert Goltz Zeugnis ab, der in den Jahren 1556–1560 Europa bereiste, wo er mit eigenen Augen 950 Münzensammlungen sah. Er führt sogar genaue Zahlen an. So waren es z. B. in den Niederlanden 200, in Italien 380, in Frankreich 200 und in Deutschland 175.

Das Barock mit seiner Unterstreichung der Adelsprivi-

legien und seinem Sinn für Familiengeschichte zog bereits eine Trennungslinie zwischen Münzen- und allgemeinen Sammlungen, so daß nun auch auf den Sitzen des Kleinadels Münzkabinette eingerichtet wurden. In diese Zeit fällt auch der Anfang der riesigen Sammlung des Britischen Museums in London. Diese bisher größte Sammlung unseres Planeten ist wie so viele andere aus einem Privatgeschenk hervorgegangen: Der reiche Sammler M. Cotton (1671—1731) hinterließ seine hervorragende Sammlung überwiegend britischer Münzen der eben gegründeten Anstalt.
Interessehalber seien noch andere große Sammler des der Numismatik so wohlgesinnten 17. Jahrhunderts angeführt. In England sammelte König Karl I. Münzen, der auf Betreiben Oliver Cromwells, ebenfalls ein Münzensammler, enthauptet wurde. Auch Karl II., der Herzog von Hamilton, der Herzog von Buckingham und viele andere gehörten zu den Münzensammlern. In Frankreich setzte Ludwig XIV., der Sonnenkönig, mit größtem Eifer die Sammeltätigkeit seiner Vorgänger fort. Durch ihn wurde die königliche Sammlung wesentlich erweitert, er ließ für seine Schätze prächtige Münzenschränke bauen, die im Pariser Münzkabinett bis heute erhalten sind. Auch in Deutschland entstanden große Münzkabinette, ein hervorragendes z. B. in München, das bedeutendste aber in Dresden, das unter den kunstliebenden sächsischen Königen zum Mittelpunkt des Münzensammelns in ganz Deutschland wurde.
Im 18. Jahrhundert wurde das Sammeln von Münzen zu einer Art Modemanie. Für die unzähligen Sammler wurde Fachliteratur herausgegeben, und zwar vor allem in Deutschland, denn diese Leidenschaft drang auch in die bürgerlichen Kreise ein. Es würde zu weit führen, wollten wir die Namen aller bekannten Sammler dieser Zeit aufzählen. Zu den interessantesten gehörte der Franzose Joseph Pellerin (1684—1782). Er war ein kleiner Beamter der französischen Marine und ein

großer Bewunderer der griechischen Münzen. Dank seiner ausgedehnten Beziehungen zu Seeleuten trug er eine einzigartige Sammlung von 35.000 Stück zusammen und bereitete das Material für eine eingehende Studie vor. Aber die Ungunst des Schicksals wollte es anders: Er erblindete und starb fast vergessen im Alter von 98 Jahren.

Die große Zeit der Münzensammler war das 19. Jahrhundert. Besonders in der zweiten Hälfte des Jahrhunderts wimmelte es geradezu von Sammlern. Große und wertvolle Sammlungen auf deutschem Boden schufen Freiherr Hugo von Saurma-Jeltsch, E. J. Haeberlin (einzigartige Sammlung der römischen Republik), Arthur Löbbecke in Braunschweig, Ing. Julius von Heidelberg (einzigartige Sammlung napoleonischer Münzen, Österreich u. a.); eine große Sammlung trug auch der Geheimrat Vogel zusammen (ganz Europa), sowie Jules Fontrobert (riesige Sammlung außereuropäischer Münzen). Eine interessante Sammlung wurde von Ing. Vogelsang, einem Bergbauingenieur, zusammengestellt. Sie enthält nur Ausbeutemünzen und -medaillen sowie andere Bergbauprägungen. In Österreich entstand im Laufe von drei Generationen des Handelshauses Trau eine herrliche Sammlung römischer Münzen. Die Schweiz hatte in Zürich die ausgezeichnete Sammlung Wunderly, in Böhmen betätigte sich auf diesem Gebiet der „Sammler des Jahrhunderts", Baron Adalbert Lanna, in Frankreich de Marcheville, Guilletau und Ciani, in Polen Graf Hutten-Czapski, in Griechenland Vlasto. Diese Auswahl ist rein informativ gedacht und soll die endlose Reihe derer keineswegs der Beachtung entziehen, die ebenfalls genannt zu werden verdienen. — Und nun etwas über das Schicksal einiger moderner Sammlungen und ihrer Schöpfer.

Der solideste Sammler unter den gekrönten Häuptern war der italienische König Viktor Emanuel III., der 1946 dem Thron entsagte. Dieser im Schatten Mussolinis „herrschende" Mann widmete seine besten Kräfte dem Sammeln italienischer Münzen, von denen er 100.000 zusammentrug. Seine einzigartige Sammlung, Metagliere genannt, wurde auf dem Kapitol untergebracht und diente auf Veranlassung des Königs als Ausgangspunkt für das groß angelegte Verzeichnis sämtlicher italienischer Prägungen, den mehrbändigen Corpus Nummorum Italicorum. Unter großzügiger finanzieller Unterstützung durch den König entstand ein luxuriös ausgestattetes Werk, das bis heute eine glänzende Publikation hohen Wertes darstellt. Mit dem Fall des Königreiches ging die Sammlung in die Hände des italienischen Staates über.

Die vielleicht wertvollste Privatsammlung der Welt wurde von einem Sonderling geschaffen. Die Brands,

Joseph Pellerin

eine aus Deutschland stammende Familie, waren in den USA Bierbrauer. Vigil A. Brand widmete sich dem Münzensammeln. Er trug die denkbar einfachste Kleidung und verköstigte sich als alter Junggeselle in den billigsten Gaststätten, obwohl sein Vermögen auf 40 Millionen Dollar geschätzt wurde. Dieser Mann war der beste Kunde zahlreicher bekannter Münzenhändler, von denen er sich wöchentlich große Kollektionen der besten und wertvollsten Münzen schicken ließ. Nur selten ging ein Teil davon an die Firma zurück, und Brand überwies ihr per Scheck selbst Riesensummen mit pedantischer Pünktlichkeit. Die Art und Weise, wie er „sammelte", mutet recht seltsam an: Dieser Mann, der bald auch große Raritäten in 2—3 Exemplaren besaß, führte nur lange Listen. Die Münzen steckte er in Umschläge, die er in leeren Zigarrenschachteln aufbewahrte. Die kamen in eine speziell zu diesem Zweck angefertigte Koffertasche. Wenn die Tasche voll war, trug er sie zur Bank und verwahrte die Schachteln in einem Tresor. Er kaufte alles, was zu kaufen war, alle Länder, alle Bereiche, Münzen aller Zeiten, oft ganze abgeschlossene Sammlungen, die nach dem Tode ihrer Besitzer zum Verkauf kamen.

Dieser Sonderling starb 1926 an einer Vergiftung durch verdorbenes Essen, das er in einem billigen Gasthaus zu sich genommen hatte. Seine zwei Brüder konnten sich über die riesige Hinterlassenschaft nicht einigen, und die Sammlung wurde auf barbarische, durch nichts zu entschuldigende Weise geteilt: In Gegenwart eines erfahrenen Händlers wurden die Münzen vor den Augen der mißgünstigen Erben in zwei Haufen, genau nach ihrem Wert, aufgebaut. Und am Ende wurde diese in ihrer Art einzig dastehende Sammlung durch rücksichtlosen Verkauf in alle Winde zerstreut. Von der Sammlung ist nichts übriggeblieben.

Ein einzigartiger Sammler griechischer Münzen war der Pariser Chirurg Dr. S. Pozzi. Äußerst anspruchsvoll

wählte er nur Münzen von höchstem Erhaltungsgrad. Er wurde von einem Geisteskranken bei einem Krankenbesuch niedergeschossen, und seine Sammlung wurde dann versteigert. Ihr Auktionskatalog war eine lange Zeit Leitfaden und Vorbild aller weiteren Sammlungen von Münzen des antiken Griechenlands. Er ist übrigens 1965 als Neudruck erschienen.
Eine weltberühmte Persönlichkeit, die ebenfalls ein Freund der Münzen war, darf nicht vergessen werden. Es ist Johann Wolfgang von Goethe. Er sammelte vor allem nach künstlerisch-ästhetischen Gesichtspunkten, so daß seine Sammlung zwar unsystematisch, aber trotzdem interessant ist. Seine Sammlung befindet sich in Weimar.
Fast alle mittleren und kleinen Sammlungen werden nach dem Ableben ihres Besitzers entweder verkauft oder versteigert. Die einzelnen Stücke gehen so in die Sammlungen der Gegenwart über, wo sie wieder neuen Sammlern Freude bereiten.

Museen

Die meisten Münzensammlungen der Welt sind aus königlichen und fürstlichen Münzkabinetten hervorgegangen. Eine Ausnahme bildet das Britische Museum, das, wie bereits erwähnt, mit Hilfe von Privatzuwendungen geschaffen wurde. Dieser Gigant birgt auch die größte Münzensammlung der Welt (3 Millionen Stück, darunter fast eine Million griechische Münzen!). Die zweitgrößte öffentliche Münzensammlung der Welt ist die der Bibliothéque Nationale in Paris (2,5 Millionen Stück), ihr folgt die Eremitage in Leningrad (2 Millionen).
Die großartige Berliner Sammlung, vor dem Krieg im Kaiser-Friedrich-Museum, dem heutigen Staatlichen Museum der DDR, entstand bereits im 16. Jahrhundert

unter dem Großen Kurfürsten und zählt heute nahezu 1,5 Millionen Stück. Weitere hervorragende deutsche Sammlungen befinden sich in München, Kassel und Hannover (Kestner-Museum). Von den berühmten Sammlungen in England sind noch die des Ashmolean-Museums in Oxford und die des Fitzwilliam-Museums in Cambridge zu nennen. Auch Edinburgh und Manchester gehören hierher, ferner Brüssel (Bibliothéque Nationale), Den Haag (Numismatisches Staatskabinett), Madrid (Archäologisches Museum), Barcelona und Valencia und die Sammlungen in Lissabon und Stockholm (wo sich auch noch eine königliche Privatsammlung befindet), in Rom und Neapel, in Athen und in Prag. Auch die bedeutende Sammlung des Münzkabinetts im Kunsthistorischen Museum in Wien muß erwähnt werden. Eine hervorragende Sammlung birgt das junge Museum Kadman in Jerusalem (vor allem altjüdische und antike Prägungen überhaupt), umfangreich ist die öffentliche Sammlung der American Numismatic Society in New York. Dort ist auch die Sammlung des Metropolitan-Museums wichtig. Dann gibt es natürlich noch unzählige kleinere und kleine Museen mit eigenen Münzkabinetten. Praktisch besitzt eine jede Kreisstadt ihre eigene, wenn auch kleine Münzkollektion, die von den Bedingungen des betreffenden Ortes ausgeht, vor allem von seiner historischen Vergangenheit, und wo oft auch große Münzfunde ausgestellt oder aufbewahrt werden. Auf jeden Fall lohnt es sich, gelegentlich auch solche kleinen Museen aufzusuchen.

In großen Städten gibt es auch manche Bankhäuser, die ihre eigene historische Münzkollektion gesammelt haben.

Da die Banken im Gegensatz zu den meisten Privatsammlern über sehr hohe finanzielle Mittel verfügen, bergen diese unentgeltlich zugänglichen Sammlungen lange Serien von einwandfrei erhaltenen Talern und oft auch andere interessante Zahlungsmittel aus der ganzen Welt, die aber ihrem Material nach nicht zu dem Metallgeld gehören. Die Erste Wiener Sparkasse in Wien besitzt sogar ein eigenes Museum, das unter anderem auch eine einzigartige Sammlung von Sparbüchsen zeigt, in denen Münzen aller Zeiten und Länder gespart werden können.

Sammler-Organisationen

Wohl in allen zivilisierten Ländern bestehen staatliche Organisationen, in denen die Sammler von Zahlungsmitteln und Medaillen zusammengeschlossen sind. In manchen Organisationen ist die Mitgliedschaft auf Personen beschränkt, die das Sammeln auf Grund hervorragender Fachkenntnisse streng wissenschaftlich betreiben. So z. B. die Königlich Britische Numismatische Gesellschaft mit nur etwa dreihundert Mitgliedern. Außer ihr gibt es in Großbritannien natürlich eine Menge anderer solcher Gesellschaften mit zahlreichen Zweigstellen. In Deutschland sind die Numismatiker im Verband der Deutschen Münzvereine zusammengefaßt, der seinen Sitz in Bremen-St. Magnus, Blumenkamp 6, hat, und in vielen anderen, ihr untergeordneten Organisationen. Eine Münzenzentrale in Bad Homburg liefert Sammlermünzen in polierter Platte zum Nominal- plus Plattenpreis.

Mit dem ungeheueren Aufschwung des Münzensammelns und der lawinenartig wachsenden Zahl seiner Bekenner nehmen in der ganzen Welt auch ihre Organisationen zu. Die größte Zahl der Münzensammler weisen die USA auf, wo sie vor kurzem bereits sechs Millionen überschritten hat.

Hinsichtlich des Alters der numismatischen Gesellschaften nimmt das kleine Belgien eine Vorrangstelle ein (Gründungsjahr 1841). An zweiter Stelle steht Deutschland, dessen numismatische Gesellschaft seit

1843 besteht. Der dritte Ehrenplatz gebührt Prag (1848/1849).
Jede numismatische Gesellschaft gibt eine Fachzeitschrift heraus, deren wissenschaftliches Niveau sehr hoch ist. Die kompletten Jahrgänge dieser schon seit langem erscheinenden Zeitschriften sind äußerst selten und sehr teuer. Meist stehen sie nur großen Museen oder den Archiven der sie herausgebenden Gesellschaften, ausnahmsweise auch bedeutenden Sammlern, zur Verfügung. Sie können ohne Übertreibung als unerschöpflicher Born numismatischen Wissens bezeichnet werden.
Ein beginnender Sammler sollte so bald wie möglich Mitglied einer numismatischen Gesellschaft, bzw. deren Zweigstelle, werden oder, falls in seinem Wohnort keine besteht, wenigstens mit einer in Briefwechsel treten, was ihm auch das Anrecht auf eine Fachzeitschrift sichert.

MÜNZEN SAMMELN ALS HOBBY

Es muß vorausgeschickt werden, daß Münzen sammeln keineswegs zu den anspruchslosesten Disziplinen der Sammelliebhaberei gehört. Es verlangt dem Sammler viel ab, aber es gibt ihm auch viel. Das Münzensammeln bietet auch gegenüber anderen Gebieten große Vorteile. Einer der prominentesten ist das Material, aus dem die Münzen hergestellt sind. Metall unterliegt nur in geringem Maße dem Zahn der Zeit, es erfordert keine sonderliche Pflege und ist von erstaunlicher Widerstandsfähigkeit.
Auch kommt die Numismatik der Phantasie des Gegenwartsmenschen und seinen Bemühungen, dem grauen Alltag zu entrinnen, in hohem Maße entgegen. Man kann zwar viele Münzen ganz einfach kaufen, aber für den echten Sammler bedeutet Kauf wohl kaum mehr als

ein notwendiges Übel. Die Frage, ob eine bis zum letzten Stück käuflich zusammengetragene Sammlung jemandem Freude machen kann, möge dahingestellt bleiben. Aber Münzen, die ihre Geschichte haben, Münzen, deren Gewinn mit einem Erlebnis, vielleicht sogar mit einem richtigen Abenteuer verbunden war, sind uns ganz besonders ans Herz gewachsen. Dieser psychologische Aspekt des Sammelns wird meist unterschätzt.
Außerdem stehen viele Münzen, besonders die Gedenkmünzen der Gegenwart, künstlerisch bemerkenswert hoch. Völlig geschmacklose Stücke gibt es nur sehr selten, da die Münzen als Repräsentations- und Propagandamittel der einzelnen Staaten eine nicht zu unterschätzende Rolle spielten.
Bisweilen sind auch ganz bescheidene und billige Münzen von beachtlichem künstlerischen Wert, wie etwa die Prägungen der deutschen Städte in niedrigen Nominalwerten.

Preistendenzen

Man könnte sich fragen, ob ein Sammler, der sein ehrlich verdientes Geld in Münzen umsetzt, es nicht sozusagen zum Fenster hinauswirft. Wie die Erfahrungen gezeigt haben, ist das Gegenteil richtig. Die Preise der Münzen sind in den letzten Jahren gestiegen, und allem Anschein nach wird diese Tendenz noch längere Zeit andauern. Wie jeder Sammler läßt sich auch der Münzensammler von gewissen Sympathien und Antipathien leiten.
Verhältnismäßig wenig begehrt sind die Münzen des frühen Mittelalters. Dem anspruchsvollen Auge des Sammlers erscheinen sie monoton, sie sind schwer bestimmbar und nicht repräsentativ genug. Die antiken Münzen, vor allem die griechischen, erfreuen sich zwar großer Beliebtheit, sind aber recht teuer (Griechenland

bis zu 10.000 DM pro Stück), die römischen auf den ersten Blick zu uniform, die byzantinischen phantasielos und ihr Revers banal.
Um so begehrenswerter erscheinen dagegen die effektvollen großen Barocktaler, die zu den meistgesammelten alten Münzen und daher auch zu den relativ teuersten gehören. Auch neuere und neue Münzen sind sehr gesucht. Sie lassen sich verhältnismäßig leicht gewinnen, weisen keine Schäden auf und bieten die Möglichkeit, die Sammlung zu erweitern. Heute werden moderne Münzen von 90 % der Sammler aus aller Welt zusammengetragen.
Wer den Preis der Münzen nach einem bestimmten Rezept abschätzen wollte, der ginge fehl. Ein Laie z. B. könnte meinen, je älter die Münze, desto höher der Preis. Das stimmt nicht, denn man kann auch heute noch eine recht hübsche antike Bronzemünze für ein paar Mark erstehen, muß aber für eine noch gar nicht alte Münze auch 18.000 DM auslegen, wie z. B. für das anläßlich der goldenen Hochzeit des bayerischen Königspaares im Jahre 1918 geschlagene Silberdreimarkstück — vorausgesetzt, daß es einem gelingt, eines aufzutreiben. Nicht das Alter diktiert den Preis einer Münze, sondern deren Seltenheit. Selbstverständlich ist es für den Preis eines Stückes auch ausschlaggebend, in welchem Grade es erhalten ist. Abgenutzte, zerkratzte oder sonstwie mangelhaft erhaltene Münzen können nur den Bruchteil

---

Tafeln (Fortsetzung von S. 144) ▶

137 *Belagerungsmünze: Italien, Mantua, gegossener Soldo aus Glockenmetall, 1799*

138 *Belagerungsmünze: Landau, Belagerung im Jahre 1702, 4 Livres 4 Sous aus Silbergeschirr*

139 *Schiffsmünze: Spanien, Philipp V., 8 Reales aus dem Münzwerk Potosi, 1737*

140 *Ausbeute- und Anlagemünze: Braunschweig-Lüneburg, Christian Ludwig, 1641—1665, Doppeltaler, 1665, Clausthal*

137

138

139

140

des Preises von Stücken erzielen, die zwar keinen Seltenheitswert haben, dafür aber in tadellosem Zustand sind. Den Preis einer Münze auf weite Sicht vorauszubestimmen, ist gar nicht so einfach. Es hat schon manch eine seltene und daher teuere Münze gegeben, da tauchte plötzlich auf dem Markt ein Fund auf, in dem sie in großer Stückzahl vertreten war, und ihr Preis ging, dem Gesetz von Angebot und Nachfrage gehorchend, rapide zurück.

Sollte es einem ganz besonders zahlungskräftigen Numismatiker einmal gelingen, eine Raritätensammlung zu schaffen, wäre er nicht nur als Reiter seines Steckenpferdes, sondern auch als Finanzmann hochbefriedigt. Um dies zu behaupten, genügt ein Blick in dreißig bis vierzig Jahre alte Kataloge, was bei dem Alter der Münzen gar keine lange Zeit ist. Fügt man den damaligen Preisen in RM eine Null hinzu, entsprechen sie ungefähr den heutigen Preisen in DM. Das will schon etwas heißen!

LITERATUR

Es steht außer Zweifel, daß für den erfolgreichen Sammler eine entsprechende Fachliteratur unentbehrlich ist. So ist es eine eiserne Notwendigkeit, sich wenigstens eine kleine Handbücherei der Münzliteratur anzuschaffen. Wer sie bereits besitzt, wird die unersetzlichen Dienste, die sie ihm leistet, nur bestätigen können.

Die Literatur umfaßt drei Arten von Büchern und Zeitschriften. Die erste mit grundlegenden Fachwerken (wissenschaftliche Beschreibung, genaue, historische und die Währung betreffende Angaben). Leider ist diese Art Bücher nicht billig. Der Preis einer solchen Monographie ist von ihrem Umpfang und ihrer Qualität abhängig: je größer und besser, desto teuerer ist sie auch. Wer sich trotzdem zu so kostspieligen Investitionen entschließt, wird es nicht bereuen! Publikationen dieser Art sind meist nur auf einen bestimmten Abschnitt des Münzwesens, eventuell auf ein einziges Gebiet (Stadt, Herrschaftsbereich, Kirchenbesitz) oder einen gewissen Zeitraum beschränkt. Sie haben Dauerwert, sind aber sehr schwer zu bekommen, besonders wenn es sich um Werke handelt, die zu Beginn oder in der Mitte des 19. Jahrhunderts erschienen sind. Ein Ersatz sind zahlreiche Neudrucke und Faksimileausgaben, die die bisher auch auf dem antiquarischen Markt hohen Preise stark herabgedrückt haben und die jetzt immer häufiger herausgegeben werden.

Zu der zweiten Gruppe gehören die Münzkataloge. Nach bescheidenen Anfängen ist der Markt heutzutage mit ihnen geradezu überflutet, sie erscheinen ähnlich wie ihre älteren Schwestern, die Briefmarkenkataloge, entweder als Verzeichnisse nationaler Prägungen oder bestimmter Zeitabschnitte (gewöhnlich nach Jahrhunderten), manchmal auch als Spezialkataloge von Notprägungen oder einzelnen Münzsorten (Taler, Kupferprägung, Gold). Besonders für Sammler neuerer und neuer Münzen sind sie eine willkommene Hilfe, für Sammler von Jahrgängen aber eine absolute Notwendigkeit. Sie werden heute in aller Welt und in unzähligen Exemplaren herausgegeben.

Zu der Fachliteratur von unveränderlichem Wert gehören auch die Kataloge der Münzauktionen, über die in dem Kapitel „Auktionen" gesprochen wurde. Sie können weder als Bücher noch als Zeitschriften gewertet werden, aber ihre Bedeutung ist, wie bereits erwähnt, außerordentlich groß.

In die dritte Gruppe wollen wir die Führer durch Museumssammlungen, Ausstellungskataloge und -verzeichnisse, Sammelbände numismatischer Gesellschaften und wissenschaftlicher Institute und schließlich auch die

Publikationen der Numismatikertagungen und -feiern einreihen.
Es folgt ein Verzeichnis der wichtigsten Literatur, das jedoch nicht den Anspruch auf Vollständigkeit erheben kann.
Soweit die Fachbücher noch im Handel sind, bekommt man sie in numismatischen Spezialbuchhandlungen. Bekannt sind vor allem die Münzenhandlung Holger Dombrowski, Münster, Albersloher Weg 473, mit einer großen internationalen Auswahl; die Münzen- und Medaillen-AG, Basel, Malzgasse, sowie das Münzenzentrum Albrecht Hoffmann, Köln, Rubensstraße 42.

Allgemeine Literatur

W. D. Craig: Coins of the World, 1750–1850, 756 S., 2. A. 1971

R. S. Yeoman: A Catalogue of Modern World Coins, 1850–1964, 9. A., 1971

R. S. Yeoman: Current Coins of the World, ab 1940, 4. A., 260 S., 1971
(Drei fundamentale, weltweit anerkannte Kataloge, Whitman Publishing Company, Racine, USA)

R. A. G. Carson: Coins, ancient, mediaeval and modern, Hutchinson Publishing Group, 1962 (Größtes informatives Sammelwerk der internationalen Münzkunde)

John Porteous: Münzen, 128 S., Ariel Verlag, Frankfurt a. M. 1970

E. Harris: A Guide Book of Modern European Coins, Whitman Publishing Company, Racine, USA 1965

J. Neumann: Beschreibung bekanntester Kupfermünzen, I–II, 1858–63, Leipzig, Neudruck 1965

Frank C. Higgins: Copper Coins of Europe till 1892, Neudruck 1970

J. S. Davenport: European Crowns 1700–1800, Whitman Publishing Company, Racine, USA, 1969

J. S. Davenport: European Crowns and Talers since 1800, 423 S., Whitman Publishing Company, Racine, USA, 1964

Hans Schlumberger: Goldmünzen Europas 1800–1967, Battenberg Verlag, München, 1967

R. Friedberg: Goldmünzen der Welt, 1800–1970, 415 S., Battenberg Verlag, 3. A., 1971 (Standardwerk über Goldmünzen)

O. F. Zierl: Die Münzen Europas nach 1945, 136 S., Gesamt-Katalog-Numex 1970, Philex-Verlag J. Ehrlich, Köln-Klettenberg

Deutschland

A. Suhle: Deutsche Münz- und Geldgeschichte von den Anfängen bis zum 15. Jahrhundert, 258 S., Battenberg Verlag, München, 1955

Schwalbach: Die neueren deutschen Taler, Doppeltaler und Doppelgulden vor Einführung der Reichswährung, 48 S., 11. A., Lübeck 1967

J. S. Davenport: German Talers 1700–1800, Whitman Publishing Company, Racine, USA, 1965

J. S. Davenport: German Church and City Talers 1600–1700, 350 S., Whitman Publishing Company, Racine, USA, 1968

K. Jaeger: Die deutschen Reichsmünzen seit 1871, Battenberg Verlag, München, 7. A., 1971

K. Jaeger: Die neueren Münzprägungen der deutschen Staaten vor Einführung der Reichswährung (1806–1871), 10 Hefte

K. Jaeger: Königreich Preußen, 1797–1873 (Heft 9, s. o.), 78 S.

K. Jaeger: Die Sächsischen Herzogtümer, (Heft 11, s. o.) 136 S., 1970

W. Haupt: Kleine Sächsische Münzkunde, 1968

H. Dannenberg: Die deutschen Münzen der sächsischen und fränkischen Kaiserzeit, Nachdruck der Auflage Berlin 1876–1905

E. Bahrfeld: Das Münzwesen der Mark Brandenburg unter den Hohenzollern 1415 bis 1640, Band I—II, Berlin 1895

Eduard Fiala: Münzen und Medaillen der Welfischen Lande, I—VIII, Leipzig und Wien 1916/17

F. Friedensburg/H. Seger: Schlesiens Münzen und Medaillen der neueren Zeit, 107 S., Breslau 1901

C. Binder/J. Ebner: Württembergische Münz- und Medaillenkunde, 468 S., 1904, Neudruck 1969

K. Friedrich: Die Münzen und Medaillen des Hauses Stolberg, 1921

C. F. Gaedechens: Hamburgische Münzen und Medaillen (Mittelalter und Neuzeit), Hamburg 1850/56, drei Bände, 925 S., Nachdruck

K. Kennepohl: Die Münzen von Osnabrück, 396 S., Münster 1967

C. J. Gotz: Deutschlands Kaisermünzen des Mittelalters, 1827, Neudruck 1968

H. Dietzel: Die Münzen des Deutschen Reiches ab 1871, 72 S., 5. A. Berlin 1971

W. Funck: Die Notmünzen der deutschen Städte, Gemeinden, Kreise, Länder usw. — Amtliche Ausgaben 1916 bis 1921, im Anhang Notmünzen 1922 bis 1924 und Notmünzen nach dem 2. Weltkrieg, 239 S., Münster 1971

Schweiz

J. P. Divo: Die Taler der Schweiz, 1966

J. P. Divo: Die neueren Münzen der Schweiz und des Fürstentums Liechtenstein, 1966

H. Dietzel: Die Münzen der Schweiz ab 1848, Berlin 1970

Österreich

Müller zu Aichholz — A. Loer — E. Holzmair: Österreichische Münzprägungen 1519—1918, Teil I—II, 2. Aufl. 1948 (Standardwerk der österreichischen Münzkunde)

G. Probszt: Die Münzen Salzburgs, 289 S., Akademischer Verlag, Graz 1959

Max Bernhardt/Karl Roll: Die Münzen und Medaillen des Erzbistums Salzburg

Böhmen

E. Fiala:	Die Münz- und Medaillensammlung Max Donebrauer, Teil I–II, 1888–89, Neudruck 1971
E. Nohejlová-Prátová:	Das Münzwesen Albrechts von Wallenstein, Akademischer Verlag, Graz, Neudruck 1969

Frankreich

B. Ernst:	Les Monnaies françaises depuis 1848, 1968
B. Ernst:	Französische Münzen 1795–1848, 148 S.
L. Ciani:	Les Monnaies royales françaises, 1926, Neudruck 1969
J. Lafaurie:	Les Monnaies des rois de France, Teil I–II, 1951–56
J. Mazard:	Histoire monétaire et numismatique contemporaine, I: 1790–1848, II: 1848–1967, 1969
Fr. Morin:	Catalogue des Monnaies françaises de 1848 à nos jours, 1969
A. Blanchet/ A. Dieudonné:	Manuel de la Numismatique française, Teil I–IV, 1912–1936 (Standardwerk der französischen Numismatik)
H. Dietzel:	Die Münzen Frankreichs ab 1848, Berlin 1970

Brabant

J. de Mey:	Les Monnaies des Ducs de Brabant, 1106–1467, 1966 Band 2 1467 bis 1598, 87 S.

Belgien

J. de Mey/ G. Pauwels:	Les Monnaies Belgiques 1790–1969, 1970
Fr. Morin:	Catalogue des Monnaies de Belgique 1832–1964
A. Delmonte:	Le Benelux d'argent, 1967
A. Delmonte:	Le Benelux d'Or, Goldmünzen der Benelux-Staaten, 207 S., 1964

Holland

J. Mevius: Catalogus van de Munten van het Koninkrijk der Nederlanden, 1813 bis 1970, 1970

England

H. A. Grueber: A Handbook of the Coins of Great Britain and Ireland in the British Museum, 1970

R. Friedberg: Coins of the British World, Complete from A. D. 500 to the Present, 1971

G. C. Brooke: English Coins. From the Seventh Century to the present day, 300 S., Neudruck 1966

J. H. Remick/ S. James: The Guide Book & Catalogue of British Commonwealth Coins, 1660 bis 1971, 500 S., 3. Aufl. London 1971

Seaby: Standard Catalogue of the Coins of Great Britain and Ireland, Teil I–III, erscheint jährlich in London (beliebtester Katalog britischer Münzen)

Italien

Corpus Nummorum Italicorum, Teil I–XX, 1910–1940, Neudruck 1970 (Fundamentales Werk über italienische Münzen)

Simonetti: Monete Italiane medioevale e moderne, bisher IV Teile 1965–1970

G. Trisione: Monete Italiane, 1970

Spanien

J. A. Vincenti: Catalogo general de la moneda da España, I: 1700–1868, II: 1860 bis 1969, 1970

C. B. Farrès: La moneda española contemporanea, 1967

Mittel- und Osteuropa

W. I. Petrov: Catalogue des Monnaies Russes, 980–1899, 90 S., Akademischer Verlag, Graz, Neudruck 1964

Spasskij: The Russian Monetary System, 253 S., London 1968, aus dem Russischen übersetzt

R. Kaim: Russische Numismatik. Von Peter dem Großen bis zur Gegenwart, 256 S., 1968

H. M. Severin: Gold und Platinum Coinage of the Imperial Russia from 1701—1911, 77 S., New York 1958

H. M. Severin: The Silver Coinage of the Imperial Russia, 1682—1917, 276 S., 5. Aufl. 1965

H. Dietzel: Die Münzen der Tschechoslowakei ab 1919, Berlin 1970

H. Dietzel: Die Münzen Ungarns ab 1848, Berlin 1970

H. Dietzel: Die Münzen Polens ab 1916, Berlin 1970

Marian Gumowski: Handbuch der polnischen Numismatik, 226 S., Akademischer Verlag, Graz, Neudruck 1960

L. Réthy/G. Probszt: Corpus Nummorum Hungaria, 128 S., Akademischer Verlag, Graz, Neudruck 1958

Amerika

R. S. Yeoman: A Guide Book of United States Coins, 255 S., Whitman Publishing Company, Racine, USA, 1970

J. E. Charlton: Standard Catalogue of Canadian Coins, Tokens and Paper Money, 1971

Raymond Wayte: Silver Dollars of North and South America, 2. Aufl. 1969

Orient

W. Patalas: Chinesische Münzen, Klinkhardt & Biermann, Braunschweig 1965

E. von Zambaur: Die Münzprägungen des Islams, 288 S., Wiesbaden 1968

J. S. Davenport: The Dollars of Asia, Africa and Oceania, 1600—1968, 208 S., Whitman Publishing Company, Racine, Wisconsin, USA, 1969

Antikes Griechenland

Barclay V. Head: Historia Nummorum, Oxford 1887, 2. Aufl. 1911, Neudruck 1959, (Bisher bestfundiertes Werk über griechische Münzen)

Max Hirmer/ V. M. Krasy: Griechische Münzen, München, Hirmer Verlag 1966

Kurt Regling: Griechische Münzen

H. Seaby: Greek Coins and their Values, 218 S., London, 2. Aufl. 1966 (Sehr aufschlußreich, besonders für Anfänger)

Norman Davis: Greek Coins and Cities, London, Seaby 1967

BMC British Museum Catalogues, 32 Bände über griechische Münzen, London, Neudruck bis 1969

Rom

Henry Cohen: Description historique des monnaies frapées sous l'Empire romain, Band I—VIII, Neudruck nach der 2. Aufl. aus den Jahren 1880—1892, 1955, (Bis heute grundlegendes Werk über die römischen Kaisermünzen, in Katalogen Abkürzung C. und Nummer)

Mattingly: Roman Coins from the earliest Times to the Fall of the Western Empire, London 1967

H. Mattingly/ E. Sydeham: Roman Imperial Coinage, bisher Teil I—IX erschienen, Abschluß des Werkes bis 1973, Abkürzung RIC, London (Modernes gigantisches Werk, nach dem allgemein gearbeitet wird und das allmählich den klassischen Cohen verdrängt)

M. Grant: Roman History from Coins, 96 S., Cambridge University Press 1968 (kleines, aber ausgezeichnetes Buch, das über den historischen Hintergrund von Münzbildern Aufschluß gibt)

E. M. Sydeham: The Roman Republican Coinage, London 1962 (Gleichfalls Fundamentalwerk über diese Zeit)

Seaby: Roman Silver Coins I—III, London. Seaby 1967—1969 (nur Denare)

Byzanz

Longuet:	Introduction à la Numismatique Byzantine, 158 S., Paris 1966
A. Goodacre:	A Handbook of the Coinage of the Byzantine Empire, London 1965 (ausgezeichnetes Handbuch)
J. Sabatier:	Description générale de Monnaies Byzantines, I–II, 772 S., 1955, Nachdruck der Ausgabe 1862
Ratto:	Catalogue des Monnaies Byzantines, Sammlungskatalog 1930, 151 S., Neudruck 1959

Einige Zeitschriften

Geldgeschichtliche Nachrichten. Gesellschaft für internationale Geldgeschichte, Frankfurt 16, Postfach 16325
Money trend, internationale Monatsschrift für Deutschland, Österreich, Schweiz und Liechtenstein, Euro-Mones-Etabl, Postfach SL 9490 Vaduz
Numismatisches Nachrichtenblatt, Organ des Verbandes der Deutschen Münzvereine, Kappelhoff Verlag, Enden, Philosophenweg 10
Hamburger Beiträge zur Numismatik. Hrg. Prof. Dr. Hävernick und Dr. G. Hatz i. A. des Hamburger Museumsvereins, Hamburg 36, Holstenwall 24
Die Münze. Buchdruckerei Erich Pröh, Abteilung Verlag, Berlin 26, Oranienburger Str. 170
Berichte. Der Münzen- und Medaillensammler. Kricheldorf Verlag, Freiburg, Güntertalstr. 16
Mitteilungen der österreichischen numismatischen Gesellschaft, Wien (nur für Mitglieder)
Schweizerische Numismatische Rundschau. Revue suisse de la numismatique, Bern (nur für Mitglieder)
Schweizer Münzblätter (nur für Mitglieder)
Cahiers numismatique, Paris
Bulletin de la Société française de la numismatique, Paris
Italia numismatica, Rom
Revue numismatique belge, Brüssel
The British Numismatic Journal, London
Whitman Numismatic Journal. Whitman Publishing Company, Racine, USA

REGISTER

(Die schräggesetzten Zahlen verweisen auf die Abbildungen)